莫言《豐乳肥臀》論

黃 文 倩 著

現代文學研究叢刊
文 史 哲 出 版 社

國家圖書館出版品預行編目資料

莫言《豐乳肥臀》論 / 黃文倩著. -- 初版. --
　　臺北市：文史哲, 民 94
　　面：　公分. -- (現代文學研究叢刊; 17)
　　參考書目：面
　　ISBN 957-549-596-9(平裝)

1. 莫言 – 作品評論

857.7　　　　　　　　　　　　94004892

現代文學研究叢刊　17

莫言《豐乳肥臀》論

著　　　者：黃　　文　　倩
出 版 者：文 史 哲 出 版 社
　　　　　http://www.lapen.com.tw
登記證字號：行政院新聞局版臺業字五三三七號
發 行 人：彭　　正　　雄
發 行 所：文 史 哲 出 版 社
印 刷 者：文 史 哲 出 版 社
　　　　　臺北市羅斯福路一段七十二巷四號
　　　　　郵政劃撥帳號：一六一八○一七五
　　　　　電話 886-2-23511028 ・ 傳真 886-2-23965656

實價新臺幣 二四○元

中華民國九十四年 (2005) 三月初版

ISBN 957-549-596-9

致　謝

　　本書之所以得以完成，最要感謝的是我的指導教授鄭明娳先生。我自研究所跟隨鄭先生修習散文及小說研討，後又有機會與鄭先生電子書信往返討論文學，鄭先生無論在文本細評、邏輯論證、學術視野、教養及格局上都給予後學極大的啓發與影響，如果不是鄭先生，我不可能以一種嚴肅但仍保有赤子之心的理智與感情來研究文學。對此，後學深表敬意與謝意。

　　另外，沈謙教授自大學到研究所，一路給予後學提攜、鼓勵，指點學術體例、樹立宏觀視野，本論文雖離沈教授常強調的劉勰「平理若衡、照辭如鏡」的理想尚遠，但卻是我向沈教授治學精神看齊的基礎。

　　口試委員呂正惠教授，對本論文多所指正、嘉勉，甚至提示未來研究的進階方向、延伸脈絡，後學亦深表感激。

　　元智大學王潤華教授、佛光人文社會學院黃維樑教授、漢學家葛浩文先生，給予後學方法論及原文指導、疑義討論及部分英譯人名提供，都是讓本論文能順利完成的幕後關懷者。

　　而友人惠燁、淑貞、佳樺、秀霞協助文字校訂與不時鼓勵，是讓我能夠堅持理想的源頭活水。最後謝謝家人對一個研究者所需要的孤獨與自由，所給予的空間與包容、瑞松的封面及封底設計，及文史哲出版社彭正雄先生對現代文學的支持，才有本書的出版。

莫言《豐乳肥臀》論

目　錄

第一章　緒　論

第一節　研究動機與方法

夏志清《中國現代小說史・序》曾云：「假如大多數人生活幸福，而大藝術家因之難產，我覺得這並沒有多少遺憾」。[1]夏先生的話自然存在國家不幸詩家興的隱喻，中國的杜甫(712-760)，俄國的托爾斯泰(Leo Nikolayevich Tolstoy,1828~1910)，都是因爲苦難的焠煉，才造就宏偉格局、自成一家的藝術作品。當然，我們並不認爲，一個國家、社會或文藝創作者的生命，應該或爲了追求藝術上的超越而進行非常態、或非常人的體驗，因爲這當中並不存在一定的因果關係。然而，如果就在上一個世紀剛結束不久的中國，歷經各種激烈的戰爭、內鬥、天災與人禍，確實存在不少今日台灣的我們所難以理解的生命歷程所創作、昇華出來的作品，從本質的人道主義立場、或美學對獨特的生命形式所應該保有的風度，我們還是有必要以較爲寬廣的心胸，去認識並理解這樣的生命殊相，並且嘗試從中發現人類在苦難中、仍然有可能存

---

1 夏志清原著，劉紹銘編譯《中國現代小說史》(臺北：傳記文學出版社，1991年 11 月)，頁 15。

在的良善與希望。

　　莫言(原名管謨業，1955~)，就是在這種獨特時空背景下的創作家。他之所以重要，不單只是因為作者的著作已頻繁的被海峽兩岸的當代文學史所論述[2]；長篇小說《豐乳肥臀》及短篇〈白狗鞦韆架〉分別榮獲首屆中國大陸大家文學家獎及台灣聯合報短篇小說獎的肯定[3]；更難得的是，莫言的小說能夠走出華人世界的視域，著作中共有 24 部被翻譯成各種外文，數量之眾遠高於同期海峽兩岸作家，其中《豐乳肥臀》更被翻譯為日文、義大利文、越南文、英文、法文(即出)及荷蘭文[4]；即使是對一般通俗大眾，莫言的著作，亦有四部被改編成電影[5]，托馬斯‧英格(Thomas Inge)甚至認為：莫言是世界級作家，可能是老舍、魯迅以來最有前途的中國作家[6]，日本諾貝爾文學獎得主大江健三郎(Oe Kenzaburo)在一場與莫言的對談上亦云：「你在艱苦的時代積累了自己的文

2　如陳思和《中國當代文學史教程》，(上海：復旦大學出版社，1999 年 9 月)、金漢《中國當代文學發展史》，(上海：上海文藝出版社，2002 年 9 月)及張鐘、洪子誠等編《中國當代文學概觀》(北京：北京大學出版社)及皮述民等《二十世紀中國新文學史》，(臺北：駱駝出版社 1997 年 8 月)均有論述。

3　《豐乳肥臀》於 1995 年獲得中國首屆大家文學獎；〈白狗鞦韆架〉於 1989 年獲台灣聯合報短篇小說獎。以上說法根據莫言《小說的氣味》，(瀋陽：春風文藝出版社)，2003 年 8 月，頁 196-197。另外，2003 年，莫言又在中國第二屆華語文學傳媒大獎中獲得「傑出成就獎」，見：中國時報 C8 版，2004 年 4 月 19 日。

4　關於莫言海外版作品翻譯情況，最新的記錄見莫言《豐乳肥臀》簡體版(北京：當代世界出版，2004 年 1 月)，頁 603-604。

5　莫言的作品，共有四部被改拍成電影，分別為《紅高粱》、《師父越來越幽默》、《白棉花》及《白狗鞦韆架》，資料來源同註 4，頁 604。

6　這方面的讚譽除托馬斯‧英格(Thomas Inge)之外，還有日本的藤井省三(Fujii Shozo)、英國的加內斯‧威克雷(Janice Wickeri)、大江健三郎(Oe Kenzaburo)。見《豐乳肥臀》簡體版(北京：當代世界出版，2004 年 1 月)之書背。

學，我從你身上似乎也獲得了一種能量，決心完成晚年的文學創
作。[7]」頗有伯樂相惜之感。但是，除了這些看似外在的榮譽或影
響，更根本的還是在於：莫言是一個坦誠的、持續的、深入的、
不避生命中猥瑣的、不斷探勘自己創作生命的作者。自 1986 年出
版《透明的紅蘿蔔》起，到 2004 年爲止，其已創作超過 40 餘部
的作品(包括小說、散文集及演講錄)，尤以長篇小說爲主[8]，沒有
相當的創作自覺，不可能有這般累積的成績。

　　在莫言的諸多作品裡，《豐乳肥臀》是極爲受到爭議的一部，
它不但是作者截至目前爲止最長的一部小說(近五十萬字)，也是
莫言最爲重視的作品[9]。然而此書在中國大陸的評論中，卻呈現相
當歧義、甚至兩極的評價；而在台灣，又逢本土化論述高漲及全
球化趨勢的影響，前者造成對當代中國大陸小說的研究忽略，後

---

7 見毛丹青〈作一個爲百姓寫作的作家—大江健三郎 vs 莫言〉，收入莫言《紅
　高粱的孩子》，(臺北：時報文化出版社)，頁 208。
8 關於莫言的著作清單，由於簡、繁體的出版狀況不一，以上所引之 40 餘本
　的數字，亦是參閱最新《豐乳肥臀》簡體版(北京：當代世界出版社，2004
　年 1 月)，頁 600-601。在台灣出版的部分，可參閱參考文獻所列的文本書
　單。
9 莫言在其所有的小說中，特別重視此書。他曾分別在兩次訪談中提到這本
　書是他的代表作的說法。其一在接受石一龍訪談時曾云：「我認爲《豐乳肥
　臀》是我迄今爲止最沉重的一本書，也是感情包含最豐富的一本書，不管
　這本書遭受過什麼樣的命運，如果要說代表作的話，這本書就是我的代表
　作」。見莫言《小說在寫我：莫言演講集》(臺北：麥田出版公司，2004 年
　4 月)，頁 164；其二爲莫言在 2002 年來台灣訪問時，經公共電視週二不讀
　書主持人蔡康永先生的訪問：如果有人只想讀一本來認識莫言，你會希望
　他讀那一本？莫言回答：「豐乳肥臀比較集中地表現了我的這種文學故鄉全
　貌，另外也表現了我對人生的命運和苦難的看法，對戰爭的反思，對宗教
　問題的一些思考，在涉及的人最根本的問題，性啊戀愛啊生育啊土地之間
　的關係，假如只讀一本，那麼就讀豐乳肥臀。」訪談記錄見公共電視「週
　二不讀書」網站：http://www.pts.org.tw/~web01/tuesday/index2.htm。

者又形成文化批評的顯學時尚，從純文本出發細評的論述相對罕見[10]，使得該作品的內涵及時代意義仍存在著許多可待分析、闡述及討論的空間。作為一位對生命本質始終懷抱高度興趣的文學研究者，筆者以為，以《豐乳肥臀》百年歷史時空的視域、在改革開放激盪下的藝術特質、不避猥瑣黑暗的生命書寫，再整合作者的重視程度及前脩所提出的諸多肯定與疑義等條件，都一再顯示，此作，已經到了必須深入細評、辨其核心地位及合理回應前脩各項疑質的時刻。

　　因此本論文將聚焦於此部小說的文本細評，以新批評的精神出發，但仍兼顧歷史、社會的交叉影響，並適度結合外緣資料及比較文學的方法。避免一知半解的西方理論的從眾引用，強化清晰理性的邏輯推論模式。首先將以作者的外緣資料進行創作觀考察，歸納莫言對小說創作的獨到理念，以作為理解《豐乳肥臀》的後設參考；其次，進行文本主題思想的探勘詮釋以彰顯其豐富與複雜性；再透過藝術表現的特質傾向，就其結構、語言文字的角度進行分析，當中亦將一併對照創作觀論及主題思想論以形成環環相扣的整體論述；而後再在前兩章的基礎下，提出此作核心定位論的討論。全書的文本評論均將輔以大陸學術界對此作的歧義論述為參考座標，交叉評析檢證以提出更合理的論述。最後分析此作品在創作觀與作品的實踐與侷限、進行價值判斷及缺失評議並提出六項展望未來的進路。

---

10 請見本章第三節「文獻回顧與檢討」。

第二節　研究範疇與架構

　　莫言《豐乳肥臀》中文版有正體及簡體兩種。由於作者對此書非常注重，再版時有進行微幅的修定，台北洪範正體版所註明的最後修改日是 1995 年 9 月 15 日，而大陸簡體版的最後修改日已是 2001 年 7 月 18 日，所以本論文原則上以 2004 年 1 月由北京當代世界出版社所印製的最新版本爲引文用本，臺北洪範的版本則爲輔助參閱對照。同時，爲了證明並建立此作在作者的所有小說中的核心地位，亦參閱作者截自 2004 年出版的重要小說[11]；海峽兩岸此作的專文評論及期刊論文，亦作爲佐證及辨析本論文的參考。

　　本論文共六章，首章〈緒論〉透過人道關懷、外在評價及內在爭議等端提出研究《豐乳肥臀》的必要性；並介紹筆者所採取的以新批評爲核心精神、視狀況統合各種批評技巧的研究方法；再梳理前脩研究《豐乳肥臀》的相關文獻，以作爲合理論證的發展基礎。

　　第二章〈創作觀論〉以作者個人生命經驗爲座標，分別以「故鄉的養份」討論取材、「人民的寫作」論證立場、「生命的本質」

11　由於莫言小說的簡繁體的出版狀況並不同步，因此除了主要文本《豐乳肥臀》外，其餘的小說主要仍以台灣的繁體中文版爲參閱對象。詳細書單見參考文獻之文本。

提出其終極關懷、「雜種的藝術」反映其多元複雜的形式選擇。

第三章〈主題思想論〉，探勘並詮釋此文本的主題思想。每節前端都有簡要論述概括的主題上的合理根據。以「邊緣的追尋與扭曲」提出作者善用長篇體例，呈現小說中不同人物的不同生命形態的追尋與扭曲特質；「歷史的想像」發現作者想像女性主體歷史及建構民間野史進而與官方大敘述形成互補及對話的功能；「情慾的深化」揭示小說中曖昧的靈性與獸性、自戀、救贖及非理性等幽微內涵。三端歸納以證明此書主題思想的豐富與複雜。

第四章〈藝術表現論〉，分「結構論」及「語言文字論」進行討論。前者以情節結構為底層，一解析其與敘述視角結構的關係、二說明與意象系統的聯結、三闡述情節結構內的雙線結構的表現及功能、四以文字及繪畫的互文方法詮釋小說開篇對聖母瑪利亞的描述與達文西(Leonardo da vinci)「利塔聖母」之間的結構暗示。在語言文字上，提出「感官意象的滲透」、「魔幻寫實的點綴」、「民間俚俗的氛圍」及「語言技巧的實驗」等四端來分析其語言特質。本章重點將聚焦於「如何表現」，但亦會同時參照〈主題思想論〉進行交叉分析，以作為結論總評其整體優劣的前提。

第五章〈核心定位論〉，以三、四章的綜合論述為基礎，首先提出作者外緣對其小說世界系統化的建構自覺的說法為論述「核心」存在的前提。再以「形式的匯歸與延伸」及「動力的激發與完成」兩項論證進行討論，前者以時空縱深、人物原型、事件活

動及藝術手法進行莫言《豐乳肥臀》與作者其他作品的相互比較；後者以動力端檢證作品與作品間能量程度的投入。最終證明本書雖然未必在藝術上是最成功的作品，但若要完整理解莫言的作品，此書具有最重要的核心地位。

第六章〈結論〉，首先將以第二章〈創作觀論〉為基礎，分別對照以分析莫言創作觀中的取材、立場、終極關懷及藝術表現在《豐乳肥臀》的實踐與侷限；其次提出文學、文學史兩端的價值判斷及缺失評議；末則呼應第五章〈核心定位論〉的強調，說明莫言小說有值得再繼續整體研究的潛力與展望，在強調回歸純文本研究的基礎下，亦回應當代跨藝術整合方法及資訊科技媒介轉換的必要性，提出六項方向作為莫言及其整體小說作品展望未來的進路。

第三節　文獻回顧與檢討

綜觀海峽兩岸研究莫言的文獻，有「專書」及「專文評論與期刊論文」兩部分。前者有三部，分別為張志忠《莫言論》[12]、鍾怡雯《莫言小說 —— 歷史的重構》[13]及謝靜國《論莫言小說的幾個母題和敘述意識》[14]。在研究範疇及對象上，張志忠該書主

12　張志忠《莫言論》(北京：中國社會科學出版社，1990 年 3 月)。
13　鍾怡雯《莫言小說：「歷史」的重構》，台灣師範大學 84 學年度碩士論文，(臺北：文史哲出版社，1997 年 11 月)。
14　謝靜國《論莫言小說(1983-1999)的幾個母題和敘述意識》，淡江大學 87 學

要探討莫言 1990 年以前創作的小說，以成名作《紅高粱》爲核心；
鍾怡雯則鎖定在 1996 年以前的作品；謝靜國則是聚焦在 1999 年
前的著作。在研究方法的運用上，張志忠以印象式的文本評點及
自傳式的背景溯源爲主，強調「生命意識、感覺」的論述；鍾怡
雯則是透過文化研究的立場，探索莫言作品背後的歷史重構意
義，並提出「狂歡化的語話策略」及「嘉年華的生命形式」等文
本詮釋；而謝靜忠則是以主題學的方法，闡釋家族書寫、感覺意
識、飢餓及性等主題，並輔以西方文學的對話及互文理論爲詮釋
方向。然而，由於海峽兩岸《豐乳肥臀》的出版年分別爲 1995
及 1996 年，因此三位研究者中，僅有謝靜國的研究有實際論及到
《豐乳肥臀》，雖然其研究焦點較分散，使用西方文學理論時，也
並未就其後設合理性進行說明，同時鮮少論及藝術形式本身，但
大致來說，已勾勒出莫言小說的重要主題。

　　在專文評論及期刊論文的部分，直接有探討到《豐乳肥臀》
的評論者眾。專文評論的重要評者有王德威及黃錦樹。王德威選
擇以綜合性的論述方式將此作與莫言前後期的諸多作品並置，整
合評論莫言小說的特色，並提出「歷史的空間想像可能」、「敘述
與時間、記憶的交錯關係」及「政治與情色主體的重新定義」等
端的面向分析[15]。在真正論及《豐乳肥臀》的部分，王德威以印
象式的評點提出判斷，雖有獨特見解，但其推論過程也因此存在

年度碩士論文。
15　王德威《跨世紀風華：當代小說 20 家》，(臺北：麥田出版公司，2002 年
　　8 月)，頁 252。王德威在此篇論文的主要探討範圍爲莫言的《紅高粱家族》、
　　《天堂蒜苔之歌》、《十三步》、《酒國》及《豐乳肥臀》等五部長篇及其它
　　中短篇。

例證不足的偏狹疑義[16]。而黃錦樹則亦是藉由印象式兩頁篇幅評點該書，深度同樣也未能彰顯[17]。

而在大陸的期刊論文中，自 1996 年到 2003 年的 8 年中，與《豐乳肥臀》有直接相關的有 21 篇[18]。其中大部分爲與主題內容有關的評論[19]，聚焦於純藝術形式分析者則相對較少[20]，同時還有

---

16 例如王德威提出：「《豐乳肥臀》是部最不典型的母愛加革命歷史小說，在終極的層次上，革命衝動與性愛欲望－而且是「不正常」的性愛欲望－並駕齊驅，而革命史早已化爲怪世奇談了。」(同前註，頁 261)及「但真正集欲望大觀於一爐的還是《豐乳肥臀》。……我們的男主人翁一生大志無他，對著女性乳房毛手毛腳而已，而且一視同仁。……在戀乳癖之餘，我們知道，他根本是個性無態患者。」(同前註，頁 265)。事實上，由於王德威並未舉例，我們實在看不出來其所說的「不正常」、「一生無大志」、「戀乳癖」的定義究竟是什麼？在藝術上爲何這些條件跟作品的優劣有關係？因此即使王德威的許多印象評點有直覺的精采，但仍有待更完整的例證與理性推論的補充。

17 黃錦樹在〈戀乳癖敘事－評莫言《豐乳肥臀》〉一文中，以兩頁的篇幅評點《豐乳肥臀》，該文就「時間」、「操作」、「議題架構」等脈絡提出印象判斷，亦並未舉證，顯然深度難以彰顯。收錄於黃錦樹《謊言或真理的技術》(臺北：麥田出版公司，2003 年 1 月)，頁 430-431。

18 此篇數及資料來源，均是透過數位資料庫：「中國期刊網」檢索搜尋而得。中國期刊網由於是一付費資料庫，其網址視其配合的學校或研究機關而有所變動，筆者所透過的媒介，乃是以台灣玄奘大學圖書館的聯結 http://cnki.csis.com.tw/而取得的文獻。

19 如林建法的〈莫言：《豐乳肥臀》解〉；彭荊風的〈視覺的癱瘓 ── 評《豐乳肥臀》：性變態的視角〉；劉蓓蓓、李以洪〈母神崇拜與 "肥臀情結" ── 讀莫言的《豐乳肥臀》解〉；唐初〈百年屈辱，百年荒唐 ── 《豐乳肥臀》的文學史價值質疑〉；張軍〈莫言：反諷藝術家 ── 讀《豐乳肥臀》〉；樓觀雲〈令人遺憾的平庸之作 ── 也談莫言的《豐乳肥臀》〉；中頡·付寧〈上官魯氏的悲劇 ── 《豐乳肥臀》人物淺析〉；王稻、葛紅兵〈過去的烏托邦與失落的現代性 ── 對《白鹿原》、《廢都》、《豐乳肥臀》的一個特例性比較分析〉；金衡山〈影響和匯合 ── 《豐乳肥臀》的解構主義解讀〉；蔡梅娟〈對真善美的叛逆 ── 評《豐乳肥臀》〉；陳淞〈遲到的批評 ── 莫言《豐乳肥臀》擇謬述評〉；林建法〈王德威評《豐乳肥臀》〉；王泊、李蓓〈叢林世界的話語 ── 莫言筆下的 "豐乳肥臀"〉；譚桂林〈論《豐乳肥臀》的生殖崇拜與狂歡敘事〉；李鴻〈《豐乳肥臀》的後現代性解讀〉等。

因爲立場不同的論戰及回應[21]。整體來看，在這些評論中，雖然一樣不乏值得參考的判斷，但筆者更留意到在這些論述中所普遍存在的「強調政治意識及道德先行」、「論述偏點評而鮮有立體」及「推論及注釋多不完整」等三種需要注意的問題，以下舉例分析之：

（一）強調政治意識及道德先行：前者例如蔡梅娟在〈對真善美的叛逆 —— 評《豐乳肥臀》〉中曾提出：

> 眾所周知，中華民族近百年的歷史，是在中國共產黨領導下外敵強寇、內安國邦、一步步走向繁榮富強的歷史，而《豐》中展示的高密東北鄉的百年史，則是中國共產黨搞得天下大亂、民不聊生的歷史。莫言筆下的中國共產黨從抗日戰爭到改革開放，從軍隊到地方，絲毫未見其英明偉大之處。[22]

蔡梅娟以譴責的口吻質疑莫言的書寫立場，不但未能意識到作家的創作自由、甚至有以二元簡化事物之嫌，同時，即使該論述要成立，也未能提出爲何作品與彰顯某些政黨「英明偉大」有藝術上的正相關的論述，使其評論便有過於強調某種政治意識的現

　　此處所示的中國評論的詳細出處、頁碼，請參考本論文考文獻第八項。
20　如王岩〈《豐乳肥臀》的敘述方式與結構藝術〉及、周紅霞〈淺析《豐乳肥臀》中的動物意象〉。詳細出處、頁碼，亦請參考本論文考文獻第八項。
21　如易竹賢、陳國恩〈《豐乳肥臀》是一部“近乎反動的作品”嗎？—— 評何國瑞先生文學批評中的觀念與方法〉；陳耀東〈關於《豐乳肥臀》論爭的我見〉及何國瑞〈評論《豐乳肥臀》的立場、觀點、方法之爭 —— 答易竹賢、陳國恩教授〉等。詳細出處、頁碼，亦請參考本論文考文獻第八項。
22　蔡梅娟〈對真善美的叛逆 —— 評《豐乳肥臀》〉，《淄博學院學報(社會科學版)》，1997 年 02 期，頁 52。

象。其次，道德先行的說法也存在，例如彭荊風在〈豐乳肥臀－
性變態的視角〉一文說：

> 我們可以想像，人們如果受「我」的感染而群起仿效，這
> 個社會會成什麼樣？人不是野獸，寫人就得按人類正確的
> 共識來歌頌和鞭撻美醜，神經質地把性變態當作對母親的
> 愛來讚揚，並不是嚴肅作家的正路。[23]

道德雖然有其重要性，但作家並不是道德家、宗教家、或專門指
導他人生活的「專家」，彭荊風個人強調社會關懷是身為批評家的
自由，但不能用此標準規範作家。同時，在一個多元而開放的時
代，什麼是「正確的共識」、什麼是「美醜」、什麼是「性變態」
也需要進行更嚴格的界定和闡述才不會使其推論的大前提落空，
由於彭荊風並未提出合理的立論根基，反而暴露對文學詮釋和文
學作品內涵多元理解的偏狹。類似的例子又如陳淞在〈遲到的批
評－莫言《豐乳肥臀》擇謬述評〉中云：

> 如果真如作者所幻想的那樣－乳房成為世界第一高峰，太
> 陽與月亮圍繞它團團轉，則社會將重新陷入野蠻與蒙昧。
> 小說在結構上雜亂臃腫，根源在於觀念上的失誤。[24]

陳淞誤將作者象徵性的語言當成寫實語言來理解，用錯誤的前提

---

23 彭荊風〈《豐乳肥臀》：性變態的視角〉，《文學自由談》，1996 年 02 期，
　　頁 11。
24 陳淞〈遲到的批評 ── 莫言《豐乳肥臀》擇謬述評〉，《河南大學學報(社
　　會科學版)》，1998 年 03 期，頁 47。

推論出「社會將重新陷入野蠻與蒙昧」的判斷，過度重視社會與道德優先，忽略作品的藝術可能，亦相當可惜。

(二)論述偏點評而鮮有立體：

　　同時，在這些中國大陸學者、論者的論述中，還有一個也普遍存在於批評界的問題，就是論者們普遍的選用特定的角度來進行詮釋。而且由於各個評論中很少有註釋，因此很難看出彼此間的繼承、辨證與整合的關係。這些角度與方法包括如視覺、性變態、反諷、人物、現代性、道德、性、生殖崇拜、狂歡敘事、結構、解構、後現代性……等。此現象從優點來看，雖然可以反映所討論的作品本身能夠被開發與詮釋空間的彈性，但若整合觀之，便容易發現同一個命題同時存在著多種解釋或相互矛盾的問題。例如強調寫實的論述如何與解構的、後現代性的論述並觀、分析結構的論述又如何與主題進行搭配，這一類的整合性的論述相當缺乏，但也才是真正應該開發的重點。因為當代文學有豐富吸收各種素材與技巧的資源與機會，任何一個評論家要選擇單一角度來評論與詮釋其實並不困難，但如何解決作品中同時並存的許多主題與技巧的現象，並給出合理的論述與詮釋，才應該是完整文本研究的發展方向。

(三)推論及註釋多不完整：

　　最後，筆者在這些論文中也發現許多推論及注釋並不完整的現象。尤以邏輯推論的問題最為嚴重，例如李鴻〈《豐乳肥臀》的後現代性解讀〉中說：

　　進入九〇年代文化和社會生活中的後現代主義因素已大量
　　出現，並在某些領域形成主導因素，只有意識到這一點，
　　才能對文本表現出的特徵做出定位。[25]

李鴻這個大前提的問題出在他已經假設：九〇年代是一個後現代
的年代，莫言該部作品是在九〇年代撰寫，所以可以用後現代的
方法進行評論。這種三段論看起來似乎沒有問題，但重點在於：
一、什麼是後現代因素；二、所謂「某些領域的主導因素」指涉
的究竟是什麼；三、這些主導因素又「如何」與作家、文學作品
產生關係。論者均沒有交待，僅使用常識的概念進行推論，雖然
並不能說其論述完全有錯，但仍是不夠嚴謹的命題。當然，李鴻
的這種問題也並非是他個人獨有，金衡山在〈影響和匯合 ──《豐
乳肥臀》的解構主義解讀〉中甚至提出：

　　上官金童家庭的歷史故事最終以不指向任何意義和不能完
　　結的方式而結束，而這也正表明傳統的歷史發展的觀念又
　　一次遭到了顛覆。[26]

此判斷至少有兩個問題：一、筆者若將其指涉的小說代換其它的
後現代小說也能成立，未能真正推論出更具特色的結果；其二，

---

25 李鴻〈《豐乳肥臀》的後現代性解讀〉，《吉林師範大學學報(人文社會科學
　　版)》，2003 年，02 期，頁 14。
26 金衡山〈影響和匯合 ──《豐乳肥臀》的解構主義解讀〉，《國外文學》，
　　1997 年 01 期，頁 89-94。

究竟什麼是「不指向任何意義和不能完結的方式」也沒有清楚說明，使其論述有虛無空洞之弊。

　　最後，在這些論文中，仍有很多註釋及引文不清的現象，專文評論由於發表的形式並未完全以學術規範行文，還可接受，但學術論文也出現這種問題，就不得不令人對其論證的合理性產生懷疑。例如陳淞說：

> 近百年來，許多歷史學家、哲學家曾多次指出過，自從人類社會從原始社會向私有制社會過渡至今，關於歷史與道德的相互關係，就一直處在一種二律背反的尷尬處境之中。歷史的進步與發展，往往會以傳統道德的淪喪作為代價。[27]

姑且不論其推論內涵的問題，僅就引用的規範來看，究竟是「那些」歷史學家、哲學家曾指出過這種命題，陳淞並未作註解、也未在文後作補充，使我們無法判斷其推論的大前提究竟是出自於誰的說法，因此也無法判斷其是否合理或公允，故是不負責任的論述。另外又如王稻、葛紅兵在〈過去的烏托邦與失落的現代性——對《白鹿原》、《廢都》、《豐乳肥臀》的一個特例性比較分析〉中論及《豐乳肥臀》的部分也出現類似的疑義：

> 《豐乳肥臀》一書對社會達爾文主義的生存競爭思維模式進

---

27 陳淞〈遲到的批評——莫言《豐乳肥臀》擇謬述評〉，《河南大學學報(社會科學版)》，1998 年 03 期，頁 47。

行了激烈批判，塑造了一個既是苦難深重的祖國母親，又是倍受踐躪的大地女神的象徵人物 —— 上官魯氏。[28]

兩位作者並未針對其筆下所理解的「社會達爾文主義」的概念補充註釋，在全文論述中也不見將此概念與作家思想或作品內涵的交叉綜合討論，因此無法彰顯其使用這個概念或主義的正面意義，僅流於常識性的引用，嚴格來說，也不符合學術規範。

因此，透過以上的回顧及檢討，本論文將力求避免以上的缺失，但亦會斟酌、保留前脩研究者合理的論證作適當引用。在充分理解前脩各項討論成果的基礎下，綜合提出自我獨立思考的學術判斷。

---

28 王稻、葛紅兵〈過去的烏托邦與失落的現代性 —— 對《白鹿原》、《廢都》、《豐乳肥臀》的一個特例性比較分析〉，《吉首大學學報(社會科學版)》，1997 年 01 期，頁 77-81。

第二章　創作觀論

　　僅管莫言常自道不願撰寫創作談，認為小說的意義應該就在文本中，毋需作者多作解釋[1]，但弔詭的是，莫言的這些言說常和其行為相反。他注重創作觀的傾向，可以透過其小說著作的序跋文、散文、演講錄、專訪[2]中大量存在他對創作的看法及對其作品意義的詮釋得到證明。但是截至目前為止，還尚未有研究者完整進行此方面的整理及闡釋，作為中國大陸當代轉型期最重要作家之一，莫言的創作觀無論就其內容本身或在時代意義上都有探索的價值。因此，有必要在正式討論《豐乳肥臀》前，先梳理其創作觀，一方面視為理解莫言作品的後設輔佐，二方面也透過建立這些創作觀的指標，在本論文的文本分析後，討論小說家在創作觀與作品實踐間的品質及差異。

1　莫言曾在其散文及接受專訪時都提到不願寫創作談這樣的觀點。散文部分見：莫言《莫言散文》(浙江：浙江文藝出版社，2000 年 10 月)，頁 173；專訪部分見其 2002 年來台灣訪問時，經公共電視「週二不讀書」節目主持人蔡康永先生的訪問記錄：http://www.pts.org.tw/~web01/tuesday/index2.htm。

2　莫言談創作觀的文章，除了顯現在其小說著作的序跋文外，還包括以下的散文、演講錄、專訪等文獻：莫言《傳奇莫言》(臺北：聯合文學出版社，1998 年 11 月)；莫言《會唱歌的牆》(臺北：麥田出版公司，2000 年 5 月)；莫言《莫言散文》(浙江：浙江文藝出版社，2000 年 10 月)；莫言《紅高粱的孩子》(臺北：時報文化出版，2002 年 10 月)；莫言《北京秋天下午的我》(臺北：一方出版公司，2003 年 5 月)；莫言《小說在寫我：莫言演講集》(臺北：麥田出版公司，2004 年 4 月)。

　　本章以作者個人生命經驗爲座標，分四節：「故鄉的養份」討論取材、「人民的寫作」論證立場、「生命的本質」提出其終極關懷、「雜種的藝術」反映其多元複雜的形式選擇。

第一節　　故鄉的養份

　　William Kenny 曾在《小說的分析》中認爲：「促進讀者對小說內容完全瞭解的最佳方法，是先促進他對作者選擇的瞭解」[3]。而在衆多選擇的對象中，我們首先應該要試圖尋找的是小說家在創作最初取材上所作的選擇，才能發現作者對某些人事物的獨特動機與情感。在莫言撰述與創作觀相關的文獻中，他曾一再的提到，其取材均是從他的故鄉出發。

　　莫言所認定的故鄉，並不完全是一種實然世界的客觀存在，它具有非常強烈的虛構性質。造成作家在取材的選擇上會有某種偏好或傾向，不外乎與作者所生長的時代、環境、生命經驗及性格等條件有關。對莫言來說，在衆多因素最具關鍵性的其實是外在政治的影響及作者成長的經驗及性格。解析這兩項因素將有助我們理解莫言爲什麼會選擇故鄉作爲其取材來源、他偏好那些故鄉材料、以及作者爲什麼不延續純寫實主義的表現方式而強調想像的世界。但需要先聲明的是，前者是必要條件但不是充分條件，因爲仍有爲數頗多、與莫言在創作時期相仿的作家一樣位於類似

---

3 William Kenny 著，陳迺臣譯《小說的分析》(臺北：成文出版社，1977 年 6 月)，頁 3。

的客觀條件下，所以此項因素必須與後者合觀才能看出莫言的特
質。以下分別論證之：

(一)外在政治的影響：

　　中國大陸文革前後的政治歷史背景，已經有許多學者多作過
討論，無論是那一種分析結果，其共同交集的論點大致同意外在
政治對文學均有構成深廣的影響。重要的現象如學者唐翼明就曾
指出的：「這個階段(1949-1966)的文藝理論與批評受原蘇聯文藝
理論與批評的影響極大。一方面突出強調文藝的社會功能，使文
藝從屬於政治，要求文藝爲政治服務。二是將其理論主張變成不
可觸犯的金科玉律，和指揮文藝運動的號令。」[4]從具體干預的手
段來看，大陸政府也曾運用各種文藝會議與運動來達到控制作家
寫作思想與方向的目的，例如毛澤東〈延安文藝座談會上的講話〉
就提出「文藝必須從屬於政治」、「文藝必須爲工農兵服務」等口
號[5]；1966 年 2 月，江青在上海召開部隊文藝工作座談會，會後
發表《紀要》，提出文藝的根本任務，就是「要努力塑造工農兵的
英雄人物」、「在所有人物中突出正面人物，在正面人物中突出英
雄人物，在英雄人物中突出中心人物。」[6]有明顯政治與意識形態

---

4 唐翼明《大陸新時期文學(1977-1989)：理論與批評》，(臺北：東大圖書公
　司，1995 年 4 月)，頁 3-4。唐翼明此書的論述期間雖主要集中在 1977-1989，
　然其第一章〈導言〉中，有特別疏理自在這之前中國文壇環境的背景資料，
　筆者此處所引的頁數，即是出自其〈導言〉的部分。
5 轉引自唐翼明《大陸新時期文學(1977-1989)：理論與批評》，(臺北：東大
　圖書公司，1995 年 4 月)，頁 4。
6 轉引自唐翼明《大陸新時期文學(1977-1989)：理論與批評》，(臺北：東大

先行之嫌。但是，嚴格來看，並不是說在這樣的壓制與干預下就絕對不會有好的文學作品出現，問題並不能這樣單純二元看待，而是我們必須指出的現象是：強烈的政治干涉，比起自由發展，作家與其說是在創作，不如說更容易發展成「作文」的傾向。

莫言的年輕歲月，就是在這樣的政治先行的背景下渡過，自然也不能避免其最初創作的「作文」的鑿痕。根據其散文自述，1973 至 1978 年間，他的早期投稿作品都脫不了濃厚的政治題材和現實反映，例如沒寫完的《膠萊河畔》、〈媽媽的故事〉、《離婚》等都屬此類[7]；作者甚至也說：「為了讓小說道德高尚，我給主人公的手裡塞一本《列寧選集》」[8]的說法，也可間接印證彼時政治意識對作家的影響；1976 年，莫言從農民轉作軍人後，他在 78 年間想寫的，還是一篇以海島為背景的軍營小說[9]，可以說其取材尚未有明顯自覺。

1976 年，隨著四人幫的垮臺，大陸的政治及文壇走向日漸開放。施淑曾整理過此段歷史背景，歸納出 80 年代前後的轉型現象：

> 在八〇年代初以前，作品普遍集中在對四人幫極左路線的批判，對文革前十七年的政策和生活的反思。到了被稱為

圖書公司，1995 年 4 月)，頁 6-7，原載於〈努力塑造無產階級英雄人物的光輝形象〉《紅旗》，(1969 年第 11 期)。

[7] 莫言在〈漫長的文學夢〉中曾提過這樣的說法，收入其《會唱歌的牆》(臺北：麥田出版公司，2000 年 5 月)，頁 39-44。

[8] 莫言《會唱歌的牆》(臺北：麥田出版公司，2000 年 5 月)，頁 168。

[9] 同上，頁 168。

　　小說爆炸的一九八五年，不只限於小說，而是整個文藝創
　　作領域，文化尋根、現代主義、先鋒紛紛登場。這個重要
　　的轉折，標誌著作家的多向探索。[10]

這個轉折對莫言的影響，可在其日後 1999 年於日本京都大學演講
所回顧的一段話得到呼應：

　　在我開始創作時，中國的當代文學正處在所謂的「傷痕文
　　學」時期，幾乎所有的作品，都在控訴「文化大革命」的
　　罪惡。這時的中國文學，還負載著很多政治任務，並沒有
　　取得獨立的品格。我模仿著當時流行的作品，寫了一些今
　　天看起來應該燒掉的作品。只有當我意識到文學必須擺脫
　　為政治服務的魔影時，我才寫出了比較完全意義上的文學
　　作品。這時，已是八〇年代的中期。[11]

莫言此中所指涉的「比較完全意義上的文學作品」，指的是其 1984
年發表的〈白狗鞦韆架〉[12]，這一年莫言因緣際會終於走進大學

10　施淑《兩岸文學論集》(臺北：新地文學出版社，1997 年 6 月)，頁 217。
　　施淑在此書的 207-215 頁以〈序論—九州盡開帶血花〉一章整理出中國自
　　1949 年至 1988 年間大陸重要文藝政治的各種會議主題及現象，資料比中
　　國大陸學者陳思和編的《中國當代文學史教程》(上海：復旦大學出版社，
　　1999 年 9 月)、金漢編的《中國當代文學發展史》(上海：上海文藝出版社，
　　2002 年 9 月)所提示的背景說明還要完整。
11　莫言《小說在寫我：莫言演講集》，(臺北：麥田出版公司，2004 年 4 月)，
　　頁 23。
12　這項撰寫年的說法，採用莫言的自述(《會唱歌的牆》，頁 169)，此篇小說
　　曾獲得台灣《聯合文學》獎，後來收在莫言《透明的紅蘿蔔》(臺北：林
　　白出版社，1989 年 4 月)一書中。

的窄門[13]，受到改革開放下的政治鬆綁及在大學裡閱讀到各類作品、及接觸各種學者流派人士的刺激[14]，他才赫然發現，世界上可以存在像川端康成(Kawabata Yasunari)的《雪國》中的場景：「一隻黑色壯碩的秋田狗，站在河邊的一塊踏石舔著熱水」[15]的感官為上的寫作方式，這一個小小的類比讓莫言從川端的書寫聯想到自己故鄉中的狗，開始自覺原來小說不一定要寫實，更不一定得按照政府所期望的工農兵為書寫對象，可以取材於自己從小到大極豐富的、感官性也極強的鄉土資源，開發一個想像的、個人的、主觀的王國與世界，莫言才忽然覺得自己在寫作上的取材來源大開，才開始創作其想像中的「東北高密鄉」。莫言說：

> 我第一次戰戰兢兢地打起「高密東北鄉」的旗號，從此便開始了嘯聚山林、打家劫舍的文學生涯。我成了「高密東北鄉」的開天闢地的皇帝⋯⋯。從此以後，我感覺到那種可以稱為「靈感」的激情在我胸中奔湧，經常是在創作一篇小說的過程中，又構思出了新的小說。[16]

---

13 1984 年 9 月 1 日，莫言考入解放軍藝術學院文學系，此中過程可參閱〈我的大學夢〉，收錄在《會唱歌的牆》(臺北：麥田出版公司，2000 年 5 月)，頁 45-49。

14 莫言的大學生涯有一點與一般大學生很不同，由於其念的是所謂「幹部專修班」，沒有幾個老師，學校大部分安排外校老師，包括北大、社科院的老師來上課。雖然這種學習方式很難產生完整性，未必有治學上的精準度。可是對於作家而言，無疑的是難得拓寬見識的良機，對於寫作有間接助益。關於莫言對這方面的說法，可參看莫言〈我的大學〉，收入莫言《北京秋天下午的我》，(臺北：一方出版公司，2003 年 5 月)，頁 29-35。

15 莫言《小說在寫我：莫言演講集》，(臺北：麥田出版公司，2004 年 4 月)，頁 36。

16 莫言《會唱歌的牆》(臺北：麥田出版公司，2000 年 5 月)，頁 169。

　　因此我們就可以確認，政治的干預和開放對作家在取材上的影響是明顯存在的，但是每一個作者由於才情殊異、理解與熟悉世界的方式不同，所以如果無法有效接觸或採用其所親切的材料，對作家而言，不可能會有好的文學作品產生。而莫言幸運的在開放時期就快速的與其熟悉的鄉土建立起聯繫，其根源也是政治改革，所以政治的正反雙面因素，都是影響莫言偏好取材故鄉的原因。

(二) 成長經驗與性格

　　第二個影響莫言取材故鄉的條件，是作者的生活經驗與性格。心理學家阿德勒(A.Adler)研究人類早期的記憶，曾指出：「記憶絕對不會出自偶然：個人從他接受到的，多得無可計數的印象中，選出來記憶的，祇有那些他覺得對他的處境有重要性之物。」[17]從這個理論基礎來討論莫言所提到的各種成長記憶也就別具價值。莫言從出生到二十歲，都在其故鄉渡過，對他的整體生命而言，意義重大。在漫長的成長歲月裡，筆者發現莫言主要接觸的對象可以分成三大類，第一是自己的家人，第二是民間習俗活動，第三是原始的大自然，這三項因素跟莫言在取材故鄉時的偏好密切相關，雖然當中也有可能是一般人所共有的經驗，但是其中還是有一些特殊的因數深深影響莫言的取材對象。

---

17 阿德勒著，黃光國譯《自卑與超越》，(臺北：志文出版社)，頁 73。

　　首先，莫言出身大家庭，除了爺爺奶奶各種親戚之外，其母親曾經生過八個小孩，莫言是最後一個[18]。大家庭的複雜人事及鄉土鄰人彼此密集往來的生活方式，讓莫言從小就累積各種不同的、鮮明的人事物的形象，而且這些親朋長輩鄰居，常常告訴作者各種鄉野傳說。前者造就他日後在小說創作上豐富的人物範本，後者感染其想像與神思能力，因此讀莫言的小說，常常可以發現有很多作者個人自傳背景的投射與重塑，例如莫言的出生排行，跟《豐乳肥臀》中的上官金童也排行第八也是一樣；他的母親纏過足，《豐乳肥臀》中的母親也是；他家三代同堂，莫言的重要小說如《紅高粱的家族》、《豐乳肥臀》等也在同樣的家族背景下展開；甚至莫言小說從不避諱鄉土俚語甚至粗話，因為他長大後到了城市比較其語言，才發覺北京人「真要罵起來，還是那幾句，沒有文采，更沒有風度。甭說比不上我家鄉那些潑大嫂，連潘金蓮都不如。」[19]因此我們可以合理推論，其家鄉人物是莫言小說中極為重要的原始材料。

　　第二，莫言的家鄉，常常有各式民俗活動，從宗教儀式到市井戲曲，這些活動在當時資訊封閉的環境下，常常有引進外來資源文化及營造區域特色的功能，對於小說家的視域很有助益。例如《豐乳肥臀》中出現過的「雪集」民俗儀式，莫言在其散文中也提到過[20]；另外一部長篇《檀香刑》以說唱的方式寫成，也

18　莫言《傳奇莫言》(臺北：聯合文學出版社，1998 年 11 月)，頁 196。
19　莫言《會唱歌的牆》(臺北：麥田出版公司，2000 年 5 月)，頁 110。
20　莫言《會唱歌的牆》(臺北：麥田出版公司，2000 年 5 月)，頁 14。

是向其成長歲月中的貓腔市井戲曲致敬[21]；這種民俗活動常是以熱鬧、喧嘩、色彩華麗的姿態出現，莫言的小說主觀性強、感官色彩華麗，因此從形式來說，也等於是間接印證了作者取材偏好和其成長經驗的關係。

　　第三，莫言生長的東北高密鄉，由於地處偏遠，開發有限，因此在此處仍保有大自然最原始的活力。原始與具象有關，印地安人或原住民用圖騰及各種鮮艷的意象來建構他們的世界，莫言也是一樣，從書名來印證，作者的每本書如：《紅高粱家族》、《豐乳肥臀》、《酒國》、《懷抱鮮花的女人》、《夢境與雜種》、《紅耳朵》、《食草家族》、《檀香刑》、《白棉花》、《冰雪美人》、《十三步》及《四十一炮》等都可以延伸各種感官及具體的意象及想像；從小說或散文的內容來略窺，也可以發現其中大量的鳥獸草木之名，作者對於羊、狗、鳥等各種動物及對於高粱等植物生活及生長方式瞭解之清楚，都可以在小說的細節中找到明顯的證據。歷史上許多重量級的科學家或文學家都勇於從大自然裡汲取靈感：達爾文(Charles Robert Darwin)因此有《物種原始》、康拉德(Josephy Conrad)深入剛果叢林後始撰《黑暗的心》、以《青鳥》一書得到諾貝爾文學獎的摩里斯‧梅特林克(Maurice Maeterlinck)也透過觀察白蟻和螞蟻思考人類的終極命運著有《白蟻的生活》等書。雖然這些大自然的資源跟文學著作的價值本身未必一定成正比，

21　貓腔，根據莫言的說法，是流傳在高密一帶的地方小戲。這個小戲唱腔悲涼，高密東北鄉無論是大人還是孩子，都能夠哼唱貓腔，幾乎可以說是通過遺傳而不是通過學習讓一輩輩的高密東北鄉人掌握的。莫言《檀香刑》，(臺北：洪範書店，2001 年 4 月)，頁 471。

但從其中所獲得的養份與莫言日後在取材上的關係，顯然還是可以成立的。

　　但是，並不是一個作家擁有了相當富豐的生命經驗，就會一定使用這些經驗來書寫他的作品，他還需要有個性上的自覺及反思能力，才能在故鄉的經驗裡書寫出常人見而未見的現象、理念或感覺。在莫言的性格中，很早就可以看出其極強的叛逆的因數。1967 年，文化大革命期間，莫言小學五年級，曾經因爲編寫《蒺藜造反小報》而被學校開除[22]；而後，莫言認真投入勞動，卻覺得自己的努力，根本得不到合理的報償，莫言說：

> 當我做為一個地地道道的農民在高密東北鄉貧瘠的土地上辛勤勞作時，我對那塊土地充滿了刻骨的仇恨。它耗乾了祖先們的血汗，也正在消耗著我的生命。我們面朝黃土背朝天，比牛馬付出的還要多，得到的卻是衣不蔽體，食不果腹的淒涼生活。[23]

不只是在身體需求上的匱乏，在精神糧食的教育亦然。莫言由於家中早年背景屬於富裕中農家庭，需要接受貧下中農再教育，因此幾乎都沒有上大學的機會，而根據作者的說法，在當時，如果是幹部子弟卻能夠憑特權得到就學的資格，雖然作者最後還是在因緣際會下進入解放軍藝術學院文學系，最後甚至在北京師範大

---

22 莫言《會唱歌的牆》(臺北：麥田出版公司，2000 年 5 月)，頁 45。
23 莫言《會唱歌的牆》(臺北：麥田出版公司，2000 年 5 月)，頁 166。

學拿到碩士[24]，這種起跑點上的不平等卻在無形中提供莫言思考官方與政治盲點的刺激；從家庭薰陶來看，莫言的爺爺對共產的人民公社制度很不認同，從不在人民公社幹活，讓莫言的父親極為緊張，常常擔心幹部會來找麻煩，但是閱讀莫言的散文會發現作者對這個長輩是極有好感的，代表莫言性格裡獨立自覺的發展可能，例如莫言寫到：

> 中蘇友好時，我爺爺說不是個正經好法，就像村子裡那些酒肉朋友似的，好成個什麼樣子，就會壞成個什麼樣子。爺爺的這兩個預言後來都應了驗，我們不得不佩服他的先見之明。爺爺不到生產隊幹活，但他也不閒著。我們那裡荒地很多，爺爺去開荒種地，他開出的荒地糧食畝產比生產隊裡的熟地都高。[25]

因為有這種自覺的精神，養成莫言對事物的懷疑與反思的態度，使他在創作時，更加肯定取材故鄉的可貴，也比較不容易動搖。對於歷史的真實也就有發展出不同於官方書寫歷史的企圖，所以他自道他筆下的歷史，便是與民間接軌的歷史：

> 我認為小說家筆下的歷史是來自民間的傳奇化了的歷史，這是象徵的歷史而不是真實的歷史。但我認為這樣的歷史

---

24 關於莫言上大學的經過，可參考〈我的大學夢〉及〈我的大學〉一文，前者收在《會唱歌的牆》(臺北：麥田出版，2000 年 5 月)，頁 45-49；後者收在《北京秋天下午的我》(臺北：一方出版公司
25 莫言《北京秋天下午的我》(臺北：一方出版公司，2003 年 5 月)，頁 18。

才更加逼近歷史的真實。[26]

因此他取材下的故鄉的概念便成為：

> 我想我的「高密東北鄉」應該是一個開放的概念，而不是
> 一個封閉的概念；應該是一個文學的概念而不是一個地理
> 的概念。我創造了這個「高密東北鄉」實際上是為了進入
> 與自己的童年經驗緊密相連的人文地理環境，它是沒有圍
> 牆甚至沒有國界。如果說「高密東北鄉」是一個文學的王
> 國，那麼我這個開國王君應該不斷地擴展它的疆域。在這
> 種思想的指導下我寫了《豐乳肥臀》。[27]

　　簡而言之，莫言之所以會選擇以故鄉為作為取材的來源，間
接的是受到外在政治環境的影響，而直接的因素則是導因於故鄉
所賦予其豐富的成長經驗，這些經驗反映在其故鄉取材的偏好上
主要是故鄉的人物、民間習俗活動及原始的大自然，再加上其自
覺獨立的性格促使他產生對原始材料的反思能力，所以莫言才能
一直以故鄉為取材的資源、藍本，他在故鄉養份的滋潤下，慢慢
在日後展開他龐大的小說藝術版圖。

---

26 莫言《小說在寫我：莫言演講集》，(臺北：麥田出版公司，2004 年 4 月)，
　　頁 53。
27 莫言《小說在寫我：莫言演講集》，(臺北：麥田出版公司，2004 年 4 月)，
　　頁 39-40。

第二節　人民的寫作

　　莫言不但取材鄉土，他的視角也是以鄉土出發。因此他與一般知識分子所寫的小說不同，其寫作立場，非常強調民間認同。陳思和曾云：

> 他的小說敘事裡不含有知識分子裝腔作態的斯文風格，總是把敘述的原點放置在民間最本質的物質層面 —— 生命形態上自動發韌。[28]

陳思和這項論述相當合理，雖然知識分子和民間敘述是否一定是這種對立的姿態的現象還有待討論，可是莫言確實是非常強調民間的本質特色。莫言並不認為將作家的地位過份抬高、和賦予他們是所謂的靈魂的工程師和知識分子那種「為老百姓寫作」是完全合理的，與日本作家大江健三郎(Oe Kenzaburo)對話時莫言曾說：

> 科學越發展，社會越進步，老百姓的生活水準越是提高，作家的地位和文學的作用越會淡化。我反對這這樣的口

---

28 陳思和《中國當代文學關鍵詞十講》(上海：復旦大學出版社，2002 年 10 月)，頁 179。

號，作家要為老百姓去寫作。聽起來，這口號平易近人，但實際上它包含了一種居高臨下的態度，好像每一個作家都肩負了指明一個什麼方向的責任。[29]

莫言認為應該要將身段從超越的層次回歸群眾本身，變成「作為老百姓」去寫作，即作為人民去寫作。因為：

作家要作為老百姓去寫作。我本身就是老百姓，我感受的生活，我靈魂的痛苦是跟老百姓一樣的。我寫了我個人的痛苦，寫了我在社會生活中的遭遇，寫出我一個人的感受，很可能具有普遍的意義，代表了很多人的感受。[30]

2001 年 10 月，莫言在蘇州大學演講時，又再以大陸的二胡家阿炳的際遇為例子再度強調他的這項信念：

他阿炳心態卑下，沒有把自己當貴人，甚至不敢把自己當成一個好的老百姓，這才是真正的老百姓的心態。這樣的心態下的創作，才有可能出現偉大的作品。因為那種悲涼是發自靈魂深處的，是觸及了他心中最痛疼的地方的。請想想《二泉映月》的旋律吧！那是非沉浸到了苦難深淵的人寫不出來的。所以，真正偉大的作品必定是「作為老百姓的創作」，是可遇不可求的，是鳳凰羽毛麒麟角。[31]

---

29 莫言《紅高粱的孩子》(臺北：時報文化出版公司，2002 年 10 月)，頁 204。
30 莫言《紅高粱的孩子》(臺北：時報文化出版公司，2002 年 10 月)，頁 204。
31 莫言《小說在寫我：莫言演講集》，(臺北：麥田出版公司，2004 年 4 月)，

因此，我們就可以明白，雖然莫言日後也取得碩士的學位，具備知識分子的客觀條件，但是每當他寫作時，作者仍會試圖的回到作爲一個老百姓的原點來思索問題與汲取情感。弔詭的是，儘管在寫作上莫言是以人民自居，但作者還是因爲他身爲大陸當代重要作家的身份被頻繁的邀請參與西方各大學術機構的演講[32]及台灣等地文壇的活動[33]，其參與雖並不完全沒有「公關」之嫌，但就其內容來看仍是有其嚴肅的一面。由於這些演講對象主要是學者與文壇工作者，其內容一方面是透過談論自己的創作經過，向西方世界、不同思想背景的對象進行交流；二方面則是藉由參與這些活動經驗，形成對自己作品與視野的參照系統。針對前者，莫言曾在日本關西日中關係學會的演講上說：

> 在新的世紀裡，我希望我們繼續從日本作家的作品裡汲取營養，我更希望有一些日本作家坦率地說：我的創作，受到了中國作家的影響。[34]

後者，莫言也有言：

頁 102。

32 從莫言的《小說在寫我：莫言演講集》中可以看出，莫言曾分別在日本京都大學、日本駒澤大學、關西日中學會、美國哥倫比亞大學、史丹佛大學、加州大學、澳洲雪梨大學、法國巴黎國家圖書館等地演講。(臺北：麥田出版，2004 年 4 月)。

33 例如莫言曾在 2002 年來台擔任臺北市駐市作家即是一例。

34 莫言《小說在寫我：莫言演講集》，(臺北：麥田出版，2004 年 4 月)，頁 44。

　　作家的確需要遠離故鄉，獲得多樣的感受，方能在參照中
發現故鄉的獨特，先進的或是落後的；方能發現在諸多的
獨特性中所包含著的普遍性，而這特殊的普遍，正是文學
衝出地區、走向世界的通行證。[35]

　　由此可以歸納，莫言的立場，是以人民為出發點，但仍保持
一定向外取經、避免被固著的自覺。這種一方面刻意維持人民立
場，一方面又對外在世界的好奇，是每一個藝術家都會存在的焦
慮張力，但重點是，對藝術家而言，焦慮也是維持作家敏感度的
一部分。所以我們可以說，其人民的立場包含著對自身辨證的一
定理解，對於其創作仍是有其助益。

第三節　生命的本質

　　莫言雖然取材與重塑的靈感多出自於自己的故鄉，但可貴的
是他筆下的世界並不只呈現區域殊相，他非常清楚作為一個作家
除了補捉獨特的事物之外，最主要還必需藝術化的顯現其中共
相。此中的實踐及成績當然必需單獨的檢視每部作品，但這種理
念的提出至少代表莫言的自我期望。我們可以從他引用西方文學
家的類比思考得到呼應：

---

35 莫言《會唱歌的牆》(臺北：麥田出版，2000 年 5 月)，頁 189。

艾略特在他的著名論文〈美國文學和美國語言〉中所指出
的:「任何一位在民族文學發展過程中能夠代表一個時代的
作家都應具備這兩種特性──突發地表現出來的地方色彩和
作品的自在普遍意義…」[36]

蘇聯文藝評論家巴里耶夫斯曾經精闢地比較過海明威、奧
爾丁頓等作家與福克納的區別:「福克納這時走的卻是另一
條路。他在當前的時代中尋求某種聯繫過去時代的東西,
一種連綿不斷的人類價值的紐帶;並且發現這種紐帶源出
於他的故鄉密西西比一塊土地。在這兒他發現了一個宇
宙,一種斬不斷的和不會令人失望的紐帶。於是他以解開
這條紐帶而了其餘生。這就是海明威、奧爾丁頓和其他作
家成為把當代問題的波浪從自己的周圍迅速傳播出去的世
界聞名作家的原因,而福克納 ── 無可爭辯地是個民族
的、或甚至是個區域性的藝術家 ── 他慢慢地、艱苦地向
異化的世界顯示他與這個世界的密切關係,顯示人性基礎
的重要性,從而使自己成為一個全球性的作家。」[37]

莫言給自己定下很高的標準,他期望自己成能夠成為一個世界級
的作家,與一流作家看齊,遵循在殊相中展示共相的方向。雖然
這西方文學家的言說在莫言的轉引下未必完整呈現前脩想法的全
貌,但這種引用本身就有其心理上的強化意義。心理學家甚至認
為:「我們一直是以我們賦予現實的意義來感受它,我們所感受

---

36 莫言《會唱歌的牆》(臺北:麥田出版公司,2000 年 5 月),頁 189。
37 莫言《會唱歌的牆》(臺北:麥田出版公司,2000 年 5 月),頁 190。

的，不是現實本身，而是它們經過解釋後之物」、「我們被我們所賦予經驗的意義決定了自己」[38]，也就是說，莫言記住他想記住的，記憶本身就有自我的篩選傾向。然而，正如馬奎斯(Gabriel Garcia Marquez)《百年孤寂》彰顯出人類深刻的孤寂狀態、卡繆(Albert Camus)《異鄉人》的揭示人性中的荒謬，莫言對生命本質的內涵也有比重不同的深掘。由於作者個人生長的經驗與歷練，我們可以發現，莫言的關懷主要是在人性、歷史、與情慾等問題上，同時，不管是那一個對象，它們的狀態都是混和的、掙扎的、流動的，是有層次而非固定不變的。

　　從莫言的生命經歷可以發現衍生與積累他這些關懷的問題意識。首先，人不能獨立於歷史社會，有人的地方就一定產生歷史事件，但是作者以為歷史中的事件所對人類造成的傷害與制約卻應該要深入的反省，每一個造成重大傷害的事件背後也都可能出發於自以為高尚的動機或清高理想的意識型態，重點不是高尚動機和清高理想不該存在，而是利用高尚動機和理想進行煽動的虛偽謬誤。所以莫言不認同毛澤東的〈在延安文藝座談會上的講話〉下所指導的作品，認為它們「對戰爭的荒誕本質，戰爭中的異化，戰爭中侵略者和被侵略者雙方靈魂的扭曲都沒有、也不敢表現」[39]，作者看到的，是在這些歷史事件當中的荒謬性：

　　　　當年犧牲了死亡了陣亡了那麼多的士兵，過了不到十年，

---

38 阿德勒著，黃光國譯《自卑與超越》，(臺北：志文出版社)，頁 7、17。
39 莫言《小說在寫我：莫言演講集》，(臺北：麥田出版公司，2004 年 4 月)，頁 208。

> 兩國的元首又重新握手言歡，又成了新友邦，大家就要反
> 思，我們經常在戰爭中犧牲了數萬的士兵的生命，究竟有
> 什麼價值？我的小說裡，考慮了英雄的問題，我覺得世界
> 上有很多在現實生活當中，變成了英雄人物的人，他本身
> 並不具備多少英雄素質，那這個英雄就沒有成為英雄。[40]

在這段引文中，前半段可以看出莫言對價值建構的反思與間接強調，後半段則是對歷史人物的看法，莫言基本上認為人是非常複雜而荒謬的，所謂最後被世人標榜為英雄的人，有時候只是純粹出自於時空的巧合，甚至還有那麼點「弄假成真」的喜劇感，例如莫言《檀香刑》中抗德的英雄人物孫丙就是如此，這個人物取材真人，但是莫言透過查閱近代史和地方誌跟自己親身走訪田野調查的結果比較卻大異其趣，莫言發現：

> 孫丙作為一個農民，作為一個鄉村戲班的班主，他還沒有
> 意識到反帝反侵略那樣重要的問題，實際上他的想法很簡
> 單，就是修膠濟路要穿過祖先的墳墓，遷墳肯定就會破壞
> 風水。村裡祖祖輩輩沿襲下來的生活會因此而改變，他們
> 不願意，就抗拒。然後就引發一場轟轟烈烈的暴動。[41]

官方當然不可能接受這種「純屬巧合」式的英雄人物，因為完全

---

40 見 2002 年公共電視「週二不讀書」節目主持人蔡康永先生的訪問記錄：
　　http://www.pts.org.tw/~web01/tuesday/index2.htm。
41 莫言《小說在寫我：莫言演講集》，(臺北：麥田出版公司，2004 年 4 月)，
　　頁 198。

都不符合政府典型的需要，可是莫言卻認為生命的本質中應該就要包含這種矛盾甚至荒謬的成份，這種類似佛斯特(E.M.Forster)《小說面面觀》所云之的圓形人物，在莫言的小說中佔有相當重要的地位。

　　其次，作者常從社會問題與制度本身去發現複雜人性與心態，例如莫言對人民公社的看法並不像一般人在日後採取全面否定，但也不是生活品質提昇後就任意懷念憑弔，而是涵蓋更多種複雜的情感，莫言說：

> 我吃了將近二十年這樣的大鍋菜，感覺著已經吃得很煩，但脫離軍隊幾年之後，又有些懷念。[42]
> 全村人分成了幾個小隊，集中在一起勞動，雖然窮，但的確很歡樂。[43]

另外，走在從封閉到改革開放的社會，莫言也從長期飢餓到日漸滿足的轉變中注意到人性在精神與物質辨證的問題：

> 我是一個出身底層的人，所以我的作品充滿了世俗的觀點。……當然隨著我的肚子吃飽，我的文學也發生了一些變化。我漸漸地知道，人即便每天吃三次餃子，也還是有痛苦，而這種精神上的痛苦其程度並不亞於飢餓。表現這

42　莫言《北京秋天下午的我》(臺北：一方出版公司，2003 年 5 月)，頁 88。
43　莫言《北京秋天下午的我》(臺北：一方出版公司，2003 年 5 月)，頁 141。

　　種精神痛苦是一個作家神聖的職責。但我在描寫人的精神

　　痛苦時，也總是忘不了飢餓帶給人的肉體痛苦。[44]

　　莫言的思想中，有一個層次是很重視物質的，基本上他認同「衣食足而知榮辱」這種觀點，因為他自小就有長期的匱乏體驗，認為人在絕境中常會作出精神不能控制的行為，所以莫言不像部分知識分子那麼唯心，認為一切都可以由心來控制，這並不是說作者不相信人心，而是作者無寧更在乎的是客觀環境、物質的建構，當這些客觀事物建構的較完全，自然能影響人的行為及需求。但往上一個層次，莫言也認為精神對人極為重要，因為每個人對物質滿足的認知程度不同，對於類似作者只求飽足的人而言，其物質目標往上提昇之空間相對有限。作者所強調的，是物質與精神常存的狀態，有時候出現在一個人身上，有時候是在不同區域的人身上，所以在莫言的小說中，既能夠有犧牲物質需求為哺育子女的母性光輝，但也存在因環境惡劣而導致知識分子淪向毀滅，但是要注意的是，莫言對後者並沒有嘲笑或譴責之意，他真正想反映的是背後人為社會環境、制度建構的缺失問題。

　　最後，儘管女性的生命本質在中國的大傳統中一向被忽略，但是莫言自《紅高粱家族》、《豐乳肥臀》、《懷抱鮮花的女人》、《冰雪美人》等書幾乎都以女性為主角，代表他對女性的重視。作者對於探索女性個性的解放、情慾的自主極有興趣，這在最初是源

---

[44] 莫言《小說在寫我：莫言演講集》，(臺北：麥田出版公司，2004 年 4 月)，頁 61。

於莫言的母親帶給他極深刻的印象、以及他作爲一個男性在先天
上對女性所產生的好奇及補償心理使然，莫言曾自道：

> 我在現實中並不暸解女性，我描寫的是自己想像中的女
> 性。在三〇年代農村的現實生活中，像我小說裡所描寫的
> 女性可能很少……我小說中的女性與我們現在所看到的女
> 性是有區別的，雖然她們吃苦耐勞的品格是一致，但那種
> 浪漫精神是獨特的。[45]

莫言說其不暸解女性未必完全正確，因爲從經驗上他絕對有與女
性接觸的基礎。但是影響莫言寫作關鍵的女性由於是來自於上一
代、特別是母親的原型，這些女性的卑微的地位、纏足的束縛、
性格的壓抑在在都讓小說家深感不平。所以，當作者自小看到自
己母親與那個年代的類似女性所遭遇的苦難，便引發他欲以想像
來重構他理想中女性的形象，並以這種小說重生的過渡，讓這些
女性得以在文本上再活一次生命，以達到作者在虛構世界中反哺
母者的功能。所以在莫言重構的女性世界裡，雖然仍保留其部分
的中國傳統的特質，但更多的是有獨立氣質的個性演出，從《紅
高粱家族》中的「我奶奶」到《豐乳肥臀》中的「上官魯氏」均
是這種創作觀下女人的典範。

45　莫言《小說在寫我：莫言演講集》，(臺北：麥田出版公司，2004 年 4 月)，
　　頁 12。

第四節　雜種的藝術

莫言的藝術手法之多元已經不是一個新鮮的命題[46]，但是其多元並不是單指莫言在不同的小說使用不同的手法，而是說莫言更習慣於在同一部小說中一齊運用多種手法，其藝術不但從自己的經驗中開發，亦融塑西方魔幻寫實的技巧，因此他的小說常充滿實驗精神。特別是他對想像、感官、夢境等手法的應用實有強烈的偏好，可從以下的引言整理中看出：

> 我在用耳朵閱讀的二十多年裡，培養起我與大自然的親密聯繫，培養起了我的歷史觀念、道德觀念，更重要的是培養起了我的想像能力和保持不懈的童心。[47]
>
> 在寫作的過程中，作家所調動的不僅僅是對於氣味的回憶和想像，而且還應該調動起自己的視覺、聽覺、味覺、觸

---

[46] 王德威先生評論莫言時曾云：「一本《紅高粱家族》糅合了鄉野傳奇及英雄演義，外加瑰麗的文采及奔放的情色想像，將莫言的寫作推向第一個高峰，但在一片叫好聲中，莫言並未原地踏步……。《紅高粱家族》之後，他創作了大量中短篇作品，更推出了四部紮實的長篇……。這些作品有的光怪離奇，有的激憤沉鬱，在在印證了莫言的用心，不是一個兩個標籤，如「尋根」或「先鋒」所能打發得了的。」由此肯定莫言藝術手法的多元性。《跨世紀風華：當代小說 20 家》，(臺北：麥田出版公司，2002 年 8 月)，頁 251。

[47] 莫言《小說在寫我：莫言演講集》，(臺北：麥田出版公司，2004 年 4 月)，頁 89。

覺等等全部的感受以及與此相關的全部想像力。[48]

有「沉重的社會責任感」未必就寫不出好的作品，一點責
任感也沒有，也未必就能寫出好的作品。我想問題的關鍵
不在於你有沒有社會責任感，問題的關鍵在於你有沒有想
像力。[49]

我對夢境十分迷戀，好的文章應該有夢的境界。文學發展
到如今，純粹寫實的東西還有什麼意思，電視機有聲有色，
文學如何能比？文學只能寫夢的境界，營造夢的氛圍了。[50]

我認為文學實際上是作家們首先為自己然後為他人編織的
夢境。[51]

但是仔細思考，這些元素也幾乎是當代作家所常使用的，莫言不
同的地方何在呢？筆者以為，在莫言談到他的藝術手法的文獻
中，有一個重要的概念可以統攝莫言的多元手法的內涵並突顯出
其個人創作特色，這個概念就是「雜種」。

　　首先，莫言「雜種的藝術」有概括外在複雜文化背景的意義。
本章首節裡，筆者曾經提過，莫言真正進入較純粹文學作品的創
作期，是在約八〇年代中期，在這個期間，西方文學的各種著作
及理論已經慢慢引入中國，莫言和其同期的作家們無不受影響，

48　莫言《小說在寫我：莫言演講集》，(臺北：麥田出版公司，2004 年 4 月)，
　　頁 90。
49　莫言《小說在寫我：莫言演講集》，(臺北：麥田出版公司，2004 年 4 月)，
　　頁 148。
50　莫言《夢境與雜種》，(臺北：洪範書店，1994 年 2 月)，頁 3。
51　莫言《傳奇莫言》(臺北：聯合文學出版公司，1998 年 11 月)，頁 199。

從現代到後現代，從意識流到主體移位，雖然這些筆法各有其精采的形式，對作家是很大的刺激，但另一個角度也等於是架起各種現成的框架等待文學家們進行套用，因此如果說改革開放前是一種名爲「一元」的制約，那麼當代小說面臨的就是更弔詭的「多元」的制約。莫言很清楚這一點，所以他不刻意強調自己要獨自發明另外一套，既然無法避免，就以魯迅拿來主義的精神，時代走到了一個多元的階段，沈緬於過去純真年代的書寫模式，反而會暴露自身在開發書寫能力的困窮，若能將西方的技巧搭配自身的區域素材及特色，反而能夠突破寫作的瓶頸，所以莫言「雜種」的第一層涵義，應該就是包含對西方文學吸收與影響的清楚認知。

其次，從作者主體所感知到的鄉土意義的複雜來看，「雜種」這個概念雖然可擴充「多元」、「越界」、「突破」等意義，但是莫言並不選用後者的詞彙來形容他的創作，因此這個選擇本身可以嘗試探討。莫言早在〈紅高粱〉及《紅高粱家族》的小說中就出現「種」及「雜種」的字詞，前者伴隨的是「種的退化」，後者搭配的是「雜種高粱」，兩者都是對在傳統中國家庭背景生長下的孩子的氣度、見識每況愈下、一代不如一代的嘲諷詞；但是另一方面，「種」跟「雜種」又有生命延續及鄉土、原始、草莽、江湖的意義；把「雜種」作爲一種植物來思考，又可以推演出強大生命力的象徵。所以，當莫言使用「雜種」這個詞彙來概括他的文學時，我們就可以發現出其在西方文學影響的環境下，自己所塑造的帶有區域氛圍/中國鄉土氣質的詞彙特色，也就是說，雖然莫言一再使用上述所提到的想像、感官意象、夢境等方法，但其內容

上都應該可以挖掘出區域氛圍/中國鄉土氣質的意義，作者甚至有一本小說就以《雜種與夢境》為名，他曾說過的：「雜種往往是生命力最強的東西，好的文學，只能是雜種，就像騾子一樣，似馬非馬，似驢非驢」[52]也是這個命題下的一個印證。

　　第三，「雜種的藝術」是對生命形式之複雜的理解與回應。西方文學之所以能在藝術方法上不斷革新，從寫實到非寫實，從線性描述到意識流動，其背後乃是站在認為某一項藝術手法已不能承載人心與人的複雜生命，所以需開發出更新的筆法來呼應這些需求。莫言的「雜種」說也可作如是觀。他之所以一直不斷在變化、組織並實驗其藝術手法，也是因為感知到小說中的人物及情節自有其個性、生命及各自不同的發展，作者也會有無法控制的時候，此時，只能讓小說本身自行出走，像雜種一樣為求生存而力求演化，完成藝術的蛻變。當然，由於過度逼視生命形式的複雜，小說家也有可能陷入焦慮或瘋狂，可是對於一位藝術家而言，焦慮或瘋狂卻也可能是重要的創作資產，莫言自己也承認過，當他在寫《食草家族》時：「一種連我自己都感到可怕的情緒經常牢牢地控制著我，使我無法收束自己的筆墨。所以本書也是瘋狂與理智掙扎的記錄。」[53]類比 William Kenny 曾在《小說的分析》說的：「週遭沒有許多唐吉訶德，但在每個人心中都有某種的唐吉訶德」[54]，讀者透過莫言豐富複雜的文本，也能夠挖掘對自我深層

---

52 莫言《夢境與雜種》，(臺北：洪範書店，1994 年 2 月)，頁 3。
53 莫言《食草家族》，(臺北：洪範書店，2000 年 11 月)，頁 396。
54 William Kenny 著，陳迺臣譯《小說的分析》(臺北：成文出版社，1977 年 6 月)，頁 27-28。

的認識。莫言「雜種的藝術」取法西方文學藝術手法、開發區域
內涵、逼顯生命本質，他的這些理念的價值仍要透過文本來檢驗，
但我們可以說，理解到這些藝術技法的莫言，至少已經具備優秀
小說家的必備條件。

　　綜上所述，透過莫言生命經歷所衍生出對想像的故鄉、人民
的立場、生命的本質及雜種的藝術等論證，我們可以發現他在小
說創作上所注重的核心觀點。但是也誠如莫言自道過的：「在寫作
的過程中，小說中的人物有了自己的生命，他們突破了我的構思，
我只能隨著他們走。」[55]文本仍然自其有獨立生命，在第三章到
六章中，筆者將評析並交叉檢證莫言的這些理念並評價其成績。

---

55 莫言《小說在寫我：莫言演講集》，(臺北：麥田出版，2004 年 4 月)，頁
　　52。

第三章　主題思想論

　　在一個文學著作數量不可勝數的時代，討論一部作品，僅僅挖掘、發現其主題是未能說服人的。一是不同的作品也有可能存在類似的主題，二是未具備文學價值的作品也有機會以很好的主題出發，所以除了發現主題「是什麼」之外，還必須詮釋出這些主題的特色及深度、辨析其思想內涵的水準才是有價值的論述。

　　在筆者的研究對象《豐乳肥臀》[1]中，前脩學者曾針對此作提出過相當豐富的評析，但正如筆者在第一章〈緒論〉第三節檢討海峽兩岸對此作的論證成果時發現：在專書文獻上，尚未有專門針對《豐乳肥臀》一書的評析；而在專文評論及期刊論文的部分，又都多少存在印象評點、政治強調、道德先行、重點輕面、推論謬誤及引文注釋疏漏等有待檢討的問題[2]。故綜觀前脩，實可說仍未充份達到從文學論文學及完整概括《豐乳肥臀》主題思想的目的。因此，筆者擬以第二章《創作觀論》中所揭示的莫言的終極關懷爲參考座標、及引用合理的前脩論證，整合重探《豐乳肥臀》的文本意義。以「邊緣的追尋與扭曲」、「歷史的想像」及「情慾

1　本論文採用《豐乳肥臀》(北京：當代世界出版社，2004 年 1 月)之最新版本，以下引用到該書內容，僅在引文後註明頁碼，不再額外單獨作註。
2　請見第一章〈緒論〉第三節「文獻回顧與檢討」的分析。

的深化」三端開發此作主題思想，提出能夠貫穿全書的核心論述。全章將以強調其特色及深度進行解讀，以提出合理及更具開拓性的思考空間。

第一節　邊緣的追尋與扭曲

邊緣這個詞彙，在當代常被應用在同志論述、第三世界文學、殖民論述、文化研究等範疇。抽象來看其意義，重點在強調對多元的尊重及轉換不同視角理解事物的方式；邊緣與中心又是一組相對的概念，每個邊緣的發聲實則都有希望喚起中心注意與揭示長期被忽略的盲點、希望往上或往前走向中心的企圖，或藉由與中心的對照，突顯自身的獨立性與存在價值。

莫言對邊緣的概念自有其認知，他曾說：「文學的突破總是在邊緣地帶突破」[3]，因此作為莫言最重視的小說《豐乳肥臀》，自然有這般信念的延伸。作者生長於山東高密，與中國大陸廣大的行政疆域比較，他是地理邊緣的寫作者；從身份認同來看，筆者在〈創作觀論〉中也揭示，他也不同於中國傳統知識分子的啓蒙立場，而只是一位作為老百姓的寫作人；從本文內容來觀察，此作品中的人物，除極少數的知青配角，餘均為民間出身，其女性人物遠多於男性、人物行為背離禮教、性格矛盾與瘋狂者多於常

---

3 莫言《小說在寫我：莫言演講集》，(臺北：麥田出版公司，2004 年 4 月)，頁 106。

人等，這些看似對傳統中心背離的立場及書寫內涵，其實已經提供給我們一個基本的論述視角：小說家在書寫這樣的文本其實並非出於一時的情感的發洩或標新立異的隨興，而是當中有隱性貫穿的主題思想，這個主題思想無論從地理位置、身份認同和文本內涵筆者以爲都跟邊緣有關。

《豐乳肥臀》的命名是解讀主題的重要線索：肥臀隱喻生命的繁衍，豐乳暗示哺育以求茁壯，二者合觀即爲出生到成長的追尋歷程，初看似乎並不特別，因爲追尋是生命中的普遍需求，也常存在於東西方小說的主題中。但要注意的有兩點，其一它是一部高達五十萬字的長篇小說，這種篇幅較短篇而言更適合展開生命中的追尋主題，因爲長篇能充分的承載人物行爲、性格及思想上轉變的細節　；　也不同於短篇小說常採取的聚焦書寫，而能夠放射式的同時並存各種不同的人物狀態，因此我們詮釋時，必須注意到這種長篇體例對主題所造成的影響。其二，雖然追尋主題古今中外均有，但在「何種環境」下的追尋應該才是使作品差異化的重要條件。根據這種長篇體例及作品環境的前提評估，再加上深入的文本閱讀，筆者便可以提出對《豐乳肥臀》追尋主題的兩項合理的假設：第一、《豐乳肥臀》所寫的，並不是一個人的追尋，而是企圖概括不同人物的不同追尋；第二，小說的環境由於設定於長期間戰爭、飢荒、社會制度動盪等背景，這種環境大大的影響小說人物在追尋的品質，甚至伴隨生命與心靈的扭曲。所以，爲了概括這種特殊環境與特殊人物的狀態，筆者將其置入莫言也有自覺的「邊緣」這個概念進行討論，逐項討論各種不同人

物類型的狀態，並將此作主題整體概括爲「邊緣的追尋與扭曲」。

上官魯氏，小說中眾孩子的母親，代表的是被中國制度背棄的邊緣人物，她所追尋的是生命最基本繁衍及生存需求。她自幼服從中國傳統但又被傳統背棄--她活在時代交叉口，裹小腳的痛苦都是爲了將來能嫁給好人家，可是政府的一個「放足」的制度，就讓她十幾年來的努力從有正面利基變成負面資產；她積極家務但無論如何都得不到夫家的感恩與良善回饋，甚至還反遭受虐待；她努力想傳宗接代、力盡婦德、婦言、婦容與婦工，但丈夫及夫家卻仍將無法生育的責任歸咎給生理機能完全正常的她。這個女人年輕時從來沒有質疑中國制度的自覺，所以有論者就認爲：「她在不自覺中成了封建倫理道德的維護者」[4]，但是這個家國、社會及制度都沒有盡到回饋與保護她的責任，所以在莫言筆下，作者讓上官魯氏以最激烈的扭曲、賤踏自我的方式來抗議、譴責這個傳統與環境的黑暗。在小說的第七卷，莫言以倒敘的方式書寫她的反抗手段：爲了生出一名男孩以達到爲夫家傳宗接代的責任，她以扭曲而報復的心態與不同的男人發生關係、借種生子，一直到生到第八次才生出一對男女雙胞胎[5]，這種誇張的書寫，當然在寫實主義的立場是站不住的，但正如《豐乳肥臀》的邊緣性、象徵性與寓言性，又讓這種書寫有合理的存在空間。

---

4 中頡、付寧〈上官魯氏的悲劇─《豐乳肥臀》人物淺析〉，《當代文壇》，1996年 04 期，頁 59。

5 在莫言筆下，上官魯氏的九名子女是分別與其姑丈于大巴掌、過路商人、江湖郎中、和尚、牧師等偷生而來，及根據筆者在前後文的推算，其中有一個小孩，還是其在被輪姦後受孕而來。

　　從另一個角度來看，困境踐踏她但也焠煉她對生存的忍受力，對上官魯氏而言，只要能活下去，便沒有什麼過不去的難關，所以她在心理上雖然自我扭曲，但在在外顯行為上仍保有母性的最大可能 —— 在艱苦的環境中盡力哺育她的子女。但也由於她已經習慣於自我扭曲的悲情情結，因此當她的子女或因政治立場互相殘殺時，上官魯氏已經沒有任何主動改善環境與週遭事件的力量，只能以被動的方式，在最後關頭打開她承載的胸懷，維持在邊緣的環境中終極母性承載的底線。在小說中，其子女雖然一個個都脫離或背棄她，但在生命遇到困苦或侷限時，仍都願意回到母親的身邊，這象徵一種生命回歸本源冀希保護的渴求；這些子女將自己所生的孩子交予母親養育，雖然在現實考量下是因為她們的丈夫投入戰爭而必須追隨而無法照顧小孩，但在另一方面也正好對顯，她們意識到自己的母親上官魯氏才是一個超然中立的角落。對這個女人而言，生命中雖然被扭曲了很多部分，但活下去遠比追求自我選擇與理想重要，所以正如譚桂林將母性的本質與小說中的眾多屠戮生命者比較後所云：「屠戮生命者因為他們並不承擔生殖的痛苦，並沒有嘗到過在生殖新的生命過程中的生命喪失的恐懼，所以他們能夠為了主義、理想或某個荒唐的意念，而拋出自己的生殖的艱辛。親身體驗過流血的恐懼與剝離的傷痛，所以她們在一種母性的強烈本能上珍貴生命，不管這個生命有著什麼樣的階級印記，不管這個生命有過什麼樣的功勛或劣跡，她們都一視同仁，無偏無袒。」[6]小說家透過這個人物終極的

6　譚桂林〈論《豐乳肥臀》的生殖崇拜與狂歡敘事〉，《人文雜誌》，2001 年 05 期，頁 107。

呈現一種在邊緣的環境中被嚴重扭曲，所以在生命的追尋中重視
繁衍與生存大於其它精神需要的典型(雖然上官魯氏曾與帶有精
神象徵意義的馬洛亞牧師發生關係，但畢竟也是帶有繁衍的動
機)，更精確的來說應該是：相對於繁衍與生存本身，人世間包括
最猥瑣的和最高貴的理想都顯得微不足道、也過於奢侈了。一個
人物被環境逼迫至追尋最低階層的需求，正是這個邊緣環境罪惡
的證明。

　　第二種類型是上官魯氏的七個女兒們，除了四女兒在小說中
場就因為要救生病的母親將自己賣作妓女先行出場，到小說快結
束才出現外，其餘的女兒們可以說都代表的是對自我選擇及愛情
的追尋。這些第二代冀希逃脫母親那一代女人的宿命，她們的名
子都有著強調召喚弟弟的意涵[7]，這使得她們對於自己存在的意義
抱持懷疑，所以轉而向外發展，但是她們的邊緣特性跟母親那一
代不同，並非完全來自於環境的惡劣，而是來自於她們「以為」
她們的環境很惡劣，甚至將此視為是一種抵抗環境、追尋自主的
手段。所以在小說中，雖然她們企圖追尋自我與愛情，但她們的
眼光事實上都相當天真又淺薄，在她們想像的世界裡將自我與愛
情浪漫化、救贖化，例如上官來弟在一場鄉人與日軍的戰役中看
到一匹被打死的馬，還幻想著：「她突然想到，這匹馬很可能要到
樊三爺家去找那匹大種馬。她堅決的相信，棗紅大馬是匹馬母，
與樊三爺家的公馬失散多年的夫妻」(頁 34)，並未意識到戰爭本
身的殘忍。而由於家中經濟困窮，她們很容易愛上能夠提供給她

---

7 這七個女兒的名子分別為：來弟、招弟、領弟、想弟、盼弟、念弟、求弟。

們溫飽的男性，也認為這種行為本身能為家庭降低生存的風險，
例如大姊來弟嫁給沙月亮、二姊招弟嫁給司馬庫、三姊領弟與鳥
兒韓談戀愛，這三個男人都以物質條件擄獲女人芳心，所以嚴格
說起來，她們所追尋的自我選擇與愛情其實是空泛的、是幻想下
扭曲的產物，其內涵跟母親的模式相當類似，只是生存的安全感
本身；而五姊嫁給後來造成國共內戰的「共產黨」方的領導者魯
立人、六姊嫁給美援時期的西洋人巴比特，都代表她們幻想追尋
不同文化的獵奇心理，而七姊因為被洋人收養，後來成為精通俄
文的知識分子，在小說中曾一度堅持知識分子的清高、立求對生
命尊嚴的維持，最後仍不敵飢餓的困境，為求食物而被男人姦淫。
本來她們應該比母親那一代擁有更合理反省的機會，可是她們都
一樣只掌握到了經驗及本能的能力，使其未經過知性追尋的下場
都因為其過於天真而以悲慘作收，不但未能掙出一片更寬廣的天
空，還喪失了女人與生俱來哺育子女的生命參與，大姊、二姊、
三姊及五姊都將所生的小孩交予母親上官魯氏撫養，都未盡到一
貫性的、為自我選擇行為負責到底的責任。因此譚桂林將母親與
這些女兒比較後就認為：「她的女兒們秉承了她的特性，具有強旺
的生殖功能，但她們顯然已被異化，寧願為著一些本屬男人的事
情東奔西走，也不會將生殖與養育當作女性的責任來擔承。這是
時代的變化使然，更是現代女人母性本能的退化所致。」[8] 由此可
以呼應筆者的詮釋，是她們讓自己的處境成為邊緣、自干讓自己
被異化，比起母親上官魯氏不得已處於客觀外在環境所導致的邊

---

8 譚桂林〈論《豐乳肥臀》的生殖崇拜與狂歡敘事〉，《人文雜誌》，2001 年
　05 期，頁 106。

緣狀態，莫言在譴責環境的同時，同時也並存著他一貫對「種的退化」[9]思維暗示。

　　第三種追尋是男人對政治、權力及金錢欲望的無止盡追尋。這種追尋其實相當普遍，初看並不特別。但筆者以為莫言真正要表現的是像他的創作觀中所影射的那種時勢造英雄、並不具備實質英雄條件的人物類型。當中角色以沙月亮、司馬庫、鳥兒韓及魯立人為代表(其他男人因在小說中能力過於孱弱不是死亡，就是消失，因此不構成論述重要性)。沙月亮和鳥兒韓有著充滿自然意象的姓名，在小說中前者長於打獵、後者專於捕鳥，都擁有與自然相抗衡及本能自足的謀生能力；而司馬庫出身該鎮首富之家，生活品質優沃；魯立人則是小說中少數的知識分子，其部屬介紹他出場時說：「他可是大知識分子，畢業於北平朝陽大學，能寫會畫，還精通英文」(頁 132)，但儘管他們身上擁有多少比小說中的女性先天或後天上的優勢與才華，他們的欲求照樣不滿，他們不干心在東北高密鄉這個邊緣的環境裡埋沒，所以這些男人們選擇投身政治，抗日戰爭與內戰成為他們發展天賦的舞臺。更弔詭的是，他們的成功崛起，其關鍵並不是因為這些男人們真的關心百姓生活、是憂國憂民的高尚人物，而更合理的原因是因為他們處

---

9 莫言自《紅高粱家族》以來，就可以看出他對於一代不如一代的悲觀，他顯然認為，「種的退化」是一種存在的必然趨勢。可參見莫言在《紅高粱家族》中的片段所云：「我痛恨雜種高粱。雜種高粱好像永遠都不會成熟。……它們空有高粱的名稱，但沒有高粱挺拔的高稈；它們空有高粱的名稱，但沒有高粱輝煌的顏色。它們真正缺少的，是高粱的靈魂和風度。它們用它們晦暗不清、模稜兩可的狹長臉龐污染著高密東北鄉純淨的空氣。」莫言《紅高粱家族》(臺北：洪範書店，1988 年 12 月)，頁 495

在這個邊緣開發有限的環境，因此才有開疆闢土的機會。他們原本只是平凡的人，但在獻身於政治的理想裡日漸扭曲自我的形象，將自己英雄化：沙月亮從一個鳥槍隊的抗日隊長，後來投日變成漢奸；司馬庫的家族原爲皇軍(即日軍)服務，後來大勢一轉又成了抗日英雄，抗日結束又投身成爲國共內戰的「國」方；鳥兒韓原本是外鄉人，來到東北高密鄉便想建立起自己的家園，也算開疆闢土的一種形式；魯立人則一剛開始就擁有高官職位，但也隨著政治環境的變化，隨波逐流在「共」方的立場四處遊移，見異思遷。雖然她們在日後以明顯的國共姿勢相互對立，但其初始並沒有那麼立場堅定的純粹信念。他們的追尋的模式代表著人類對權力、欲望、政治的狂熱執著，他們的扭曲就在於這些男人其實只是一個不甚成熟的環境下巧合產生的虛幻神話。他們的熱情甚至沒有給身邊的親人帶來真正的安穩和幸福，只給人帶來混亂，因此在莫言的筆下，這些人也無一善終，沙月亮被吊死、司馬庫被處死、鳥兒韓因逃跑被火車輪軋死、魯立人在幾番流放後心臟病發而死，屍首還吸引成群的蒼蠅。說明小說家對此類邊緣的追尋與扭曲的諷刺。儘管有學者也對他給予這些男性不同的特質偏好而比之政治錯誤大加批判[10]，莫言確實誠實的曾說過他欣賞像司馬庫那樣的角色[11]，但嚴格說起來，從這些人物的下場來

10　彭荆風在〈視覺的癱瘓—評《豐乳肥臀》〉一文中以強烈的敘述口吻質疑莫言的政治傾向，其認爲莫言偏好司馬庫而薄魯立人，即是偏國民黨而輕共產黨，又說作者「是在詛咒嘲諷近百年來千千萬萬仁人志士曾經爲之拋頭顱灑熱血的人民革命事業；這樣的叛逆者，把他的書撒向社會，只能誤導年輕的讀者」《文藝理論與批評》，1996 年 05 期，頁 89-92。

11　莫言曾在接受專訪時二度表示其對司馬庫這個角色的看法，其用語爲:「司馬庫那樣的好漢子」、「我最喜歡還是司馬庫這個人物，他是一個還鄉團，是一個敵人，從階級鬥爭的意義上說，喜歡他就和人站到一邊了。但從文

看，作者仍然表達對他們的不滿與譴責。

但到了下一代，男人們對於政治、權力的追求並未止息，而且由於長期處在邊緣環境的貧困，使他們產生奇特的自卑情結，因此當有機會進入資本主義時代，他們比任何人都變本加厲的競逐金錢遊戲。作者以極為誇張的筆法寫鳥兒韓的後代鸚鵡韓、魯立人的後代魯勝利(此人為女性，但在小說中取男兒名，其在此作中均從事「男主外」的任務，因此以將其納入男性論之較合理)，司馬庫的後代司馬糧等，均變成奢華餐宴、官商勾結、紅頂商人的代言人，如果說上一代的男性還有一點敢做敢當、開墾拓荒的大氣格局，那麼到這一代就只剩下工具性格和機巧小慧的沾沾自喜，這本身就算扭曲。他們是美其名活在當下、但卻沒有中心信仰與任何價值的人，以作者對他們的寫法，可以看出莫言對此類型人物既不以為然但又無可奈何的諷刺。作者透過此類人物「世代傳承」的書寫，也等於逼顯一個極端邊緣的環境，如何影響人物的心理健康，扭曲他們腳踏實地生活的可能。

第四種邊緣的追尋與扭曲是對身體殘缺、遺憾彌補心理所造成的。這是一種易寫難工的對象與狀態，一般說來，書寫殘障者的作者很容易陷入先入為主的同情，使文學作品變成膚淺的勵志文宣而忽略此種人物的複雜性。莫言對此有較深入的理解，在此

學意義上，我確實喜歡他，喜歡他敢做敢為的性格」。莫言《小說在寫我：莫言演講集》，(臺北：麥田出版公司，2004 年 4 月)，頁 134、245。
筆者以為小說家雖然未必一定沒有政治立場，但若要將他對某些人物的好感「一定」要與政治立場掛勾，並非客觀的論述。

作中，他以大啞巴孫不言及上官魯氏的八女兒上官玉女(與上官金童是雙胞胎)來作為探索的對象。孫不言的父母在小說中無可考，由其親戚孫大姑帶大，雖然親人給予的愛有限，但他有著強壯體格的優點再加上鄉土環境所賦予的質樸本性，剛開始並未流露對己身殘缺的痛苦意識或不滿心理，但是當他在小說中自覺被欺騙及愛情追尋受創(上官魯氏原答應將大女兒嫁給他，但其大女兒與沙月亮私奔)，使他開始意識到這個環境對他的不公，再加上在孫大姑死去後，沒有任何人給予他足夠的溫暖或希望讓他產生健全面對生命的力量，他的言語障礙又悲劇性的讓其無法順利表達心中的需求及不滿，生命在他身上先是剝奪了他先天的健全、又踐踏了他後天良善努力的誠意，因此孫不言轉向加入戰爭以發洩其精力，因為這個場域肯定他的氣力與戰鬥的能力，對這種人而言，儘管戰爭的本質只是將其視為工具，但其沒有所謂被利用的心理危機，因為在戰場上只要有殺戮的貢獻就會得到適當的回饋，這種「物有所用」至少減弱他對身體殘缺的遺憾感。所以戰爭結束後「政府」安排其與上官家大女兒上官來弟二度結婚(此時上官來弟的丈夫沙月亮已死)，帶著過去被背棄的陰影，孫不言展現他日漸被戰爭扭曲與異化的暴力傾向對她性虐待，他使用最極端、激烈的手段向她的「身體」復仇，微妙的透顯孫不言心理傷痕的彌補平反，顯示一個明明擁有優點能力的身體殘缺者，原本也可以擁有健康的人生追尋，但畢竟還是被環境辜負最終走向絕對的殘忍與變態，這種人物類型的存在及其異化的過程，同時也暴露中國大陸長期以來對人類身體缺憾所造成的心理遺憾的多元生命出口開發的忽視與貧乏。

　　同樣是身體缺憾，上官玉女天生眼盲，卻有著不同的追尋與扭曲模式。她雖然生下來就長期遭受母親忽略，將奶水全部給了同卵雙生的男孩上官金童，但她至少不是完全孤立。姊姊們不時的不平之鳴、母親在生命緊要關頭仍然以最悲慘的方式(將偷來的食物先吞進肚子裡回家後再吐出)力求維持玉女的性命，使她的心靈仍能維持希望與愛的底線。她的生命就像其姓名的意象般尊貴而純潔，因此性格能敏銳的感應到對自己的母親所造成的負擔；她在小說中看不見，所以不受到殺戮血腥場景的污染，跟整部小說的人物多少存在被戰爭及鬥爭腐蝕不同，上官玉女雖然看不見，面對的是一個視覺感官的黑暗世界，可是她的心靈才是最沒有被破壞的光明；但是，她仍然有深深的自卑，認爲自己是一個無用之人，這種自覺身體殘缺的虧欠心理扭曲了自我意識，所以其在小說中最後選擇了自虐般的自盡作爲反哺的手段，這是她唯一想到能貢獻的方式。所以，她之所以自我扭曲，非常諷刺的是源自於她的良善本性與回饋、彌補他人的追尋。她代表僅僅正面追尋、善良的追尋其實非常脆弱，內心存著虧欠感同樣也會讓生命走向扭曲。邊緣的惡劣環境對她而言，只是觸媒而已。

　　最後一種邊緣的追尋是對形式、藝術、美的追求，此中人物以上官金童爲代表。這個人物是上官魯氏與在東北高密鄉的瑞典藉牧師馬洛亞偷情所生，代表他的生命本質具有莫言創作觀下的雜種的特色；他一方面繼承母親中國傳統大家庭的血統，一方面又注入西洋現代化的基因，外觀金髮高大、內在溫馴懦弱；而馬

洛亞身爲牧師卻違背上帝戒律與上官魯氏交歡，又隱喻上官金童
身上存在著神性與魔性兼存的暗示；其名曰金童，金有富貴之意，
童有赤子之心，符合小說中其母親對此唯一的兒子的祝福與期
待，也符合其總是以童稚視角來理解這個世界的立場。有了此層
基礎的認識，我們來看上官金童在小說中的行爲才能有深化的理
解。這個人物嚴格說起來在小說中除與自己的母親有較深的情感
聯繫外，其人生在乎的從來就不是具體的對象。他在乎的是女人
的乳房、他對於乳房的形式、味道及當中的美有癡迷的愛戀，他
在此書中始終不肯斷奶不只是生理上的需求，而是不想離開那個
哺育他的形式；他的世界是一個形式的世界，所以他眼中看的是
乳房、嘴上感知是乳房，手裡摸的也是乳房，到了資本主義時代
開的店也是乳罩店，他的記憶幾乎都選擇性的與此有關，可是上
官金童其實並非淺薄色徒，其只是單純的愛上乳房當中的美、聯
想的美、藝術的美，所以他在小說中被污陷姦殺龍青萍時(其真正
死因是自殺)，這個與生就被賦予對高複雜性知覺的上官金童實在
無法向他人解釋清楚當中的曖昧與幽微，因爲他確實有與龍青萍
發生關係，但卻是在她死後，因爲這是龍青萍的願望。用正統眼
光來看，此中行爲當然有變態之嫌，可是正如莫言寫到上官金童
在監獄裡與同樣是殺妻犯的「政治學院的講師」趙甲丁說起整個
事件，連對方都感慨的說：「老兄，太美好了，這簡直是一首詩」
(頁 424)就知道莫言真正在這個人物上所要表現的是他生命裡追
尋形式、藝術、美及誠實理想的忠誠。他在小說中的最大悲劇性
是他無法清楚認知他的中國社會，是一個重視工具實用遠大於藝
術美感的世界，這個社會或許有幽默、有詩性，但都要先強調道

德標準，不容許以黑暗或邊緣出發的詩性，也就是因爲這種對黑暗能量認識的淺薄，小說中的人物才極容易受到政治激情的煽動，而對文明環境造成更大的傷害。當然，由於過渡開發對美與形式的知覺，上官金童在作爲一個「正常人」上也是被扭曲的。他在小說中有性無能的傾向、也無能力處理現實世界裡的庶務與抵抗他人的欺負，他的扭曲是他作爲一個邊緣環境中邊緣人物的「代價」。也一樣透顯這種環境對多元、特殊生命形態給予更大包容空間的不可能。

　　綜上所述，筆者所企圖強調的是：莫言在《豐乳肥臀》的這種邊緣的追尋與扭曲的書寫，目的是爲了突顯人物個體生命裡的向上意志及被時代、環境耽誤的悲劇。小說雖然以中國大陸東北高密鄉爲背景，但其意義可看作超越中國大陸的普遍象徵，暗示一個國家或社會，如果不能創造、提供或持維合理的生存環境，逼迫人民走向扭曲，本身就是應該被譴責的根源。這種格局大過許多學者認爲的中國百年歷史的呈現之說[12]，因爲它不只是中國大陸某個期間的縮影，也有可能發生在不同的國家、民族對其人民造成類似的傷害。莫言選擇能夠承載不同追尋模式的長篇體

12　例如王德威認爲莫言此書是「中共史上這些年的風風雨雨，皆盡涵括在內。藉母愛來頌揚感時憂國的塊壘」(同註 1)，頁 260；黃錦樹認爲「大體仍然含括了九十年來大陸上發生的一些重大的歷史事件」(同註 2)，頁 430；陳淞提出此書「把中國共產黨的政治以極左來概括，半個世紀以來沒有正義崇高可言」，〈遲到的批評 ── 莫言《豐乳肥臀》擇謬述評〉，《河南大學學報(社會科學版)》，1998 年 03 期，頁 47；唐初認爲此書是「以變形、傳奇的手段結構中國 20 世紀百年史的嘗試」，〈百年屈辱，百年荒唐 ──《豐乳肥臀》的文學史價值質疑〉，《文藝爭鳴》，1996 年 03 期，頁 74。暫不論諸學者的評論的褒貶立場，他們均提到以中國歷史呈現說爲此書的想法。

例，先放射又匯歸爲中心主題，也著實證明小說家對於形式與內
容之間掌握的功力。

第二節　歷史的想像

　　之所以提出「歷史的想像」作爲《豐乳肥臀》的第二種主題，
主要是基於前脩學者的概念延伸。王德威曾經提過：「歷史的空間
想像可能」是莫言小說的重要主題[13]；中國大陸學者金漢及陳思
和亦曾經給予莫言的早期作品〈紅高粱〉是中國「新歷史小說」
的定位[14]。由於此種小說的特色普遍是認爲：「新歷史小說在處理
歷史題材時，有意識地拒絕政治權力觀念對歷史的圖解，儘可能
地突現出民間歷史的本來面目」[15]、「新歷史主義不是不承認歷史
本真的存在，而是認爲既然一切歷史都是人敘述出來的，而人在
認識和敘述歷史時都要滲透進主體的意識，所以，一切歷史都必
然打上主體的、當代的印記。」[16]及「不再追求歷史的必然性，
而是關注於歷史的可能性和偶然性」[17]，也有作家主體進行歷史
想像的指涉。然而，我們要問，小說家本質上在作的就是虛構的

13　王德威《跨世紀風華：當代小說 20 家》，（臺北：麥田出版公司，2002 年 8
　　月），頁 252。
14　陳思和《中國當代文學史教程》，（上海：復旦大學出版社，1999 年 9 月），
　　頁 310；金漢《中國當代文學發展史》，（上海：上海文藝出版社，2002 年
　　9 月），頁 495。
15　陳思和《中國當代文學史教程》，（上海：復旦大學出版社，1999 年 9 月），
　　頁 309。
16　金漢《中國當代文學發展史》，（上海：上海文藝出版社，2003 年 3 月），
　　頁 495。
17　劉再復《現代文學諸子論》，（香港：牛津大學出版社，2004 年），頁 189。

藝術，而大部份的作品都一定有基本的歷史背景，難道大部分的小說都可以名之爲「歷史的想像」的主題嗎？爲了先建立起這個主題的合理性，筆者欲先進行一個類比的思考以界定這種主題背後的特殊意義。1986 年，作家張大春以〈將軍碑〉奠定他作爲台灣重要小說家的里程碑，這篇小說，涉及到歷史虛構性、選擇性記憶、修改記憶的幾個問題，此文之所以重要，當然有一部分是魔幻寫實筆法的使用，但筆者以爲其作爲代表性的小說乃是因爲其思想恰好貼切回應了當時台灣解嚴前夕對過去一元論述的懷疑、歷史事件真假的反思與選擇性記憶的弔詭。同樣的，莫言的重要作品都完成於文革結束、改革開放後的八〇年代中期以後，他的作品之所以能被特別強調「歷史的想像」，某個程度上也是因爲他正好具備了類似張大春寫作的時代轉型背景。所以，當我們要探討這個主題的意義時，基本上就有一個前提，就是「歷史的想像」的內涵，必定多少與反思、反抗、解構等概念有關，因此此中的想像的目也就不完全是美學上的，而是有對現實的抗爭的意義在內。在這個前提下，筆者以爲，莫言此書的歷史的想像的對象主要有二大範疇，一是重新塑造一個以女性爲主體的歷史意義；二是建構民間的野史內涵，二者的最終目的除了諷刺官方大敘述之外，亦還有對官方論述進行互補及對話的功能。

　　莫言的女性歷史想像，是之於男性歷史的悖反，其想像至少有三層內涵：一是母系結構的強調、二是原生本質的超越、三是宗教精神的載體，三者都需置於與男性相較的座標下方得窺出其特殊涵義。一般來說，中國傳統歷史上的權威發展及控制社會的

模式自古以來就是採用家天下的架構，男性位於架構中的核心位置，以儒家及法家爲人倫關係及社會制度進行定位。但是誠如譚桂林所指出的：「父權中心社會的建立當然標誌著人類的文明進步，但同時它徹底遮蔽了生殖在人類原始生存中的詩性意義。在父權中心的宗法家長制度下，生殖降格爲僅僅只是一種保持私有財產承襲的手段。」[18]所以在莫言的想像中，雖然歷史仍然是以家天下的模式流變，但此中的核心位置已被女性所取代，權力的來源也不是男性主體社會中「天子」般的先驗來源，而是經驗本能的生殖功能，小說透過女性上官魯氏所生的八女一男，放射延伸東北高密鄉的歷史，代表女性才是歷史的「根本」及延伸的基礎，就結構本身的意義也隱喻，女性能夠成爲社會結構的本身，而未必一定是在中國男性結構主體下的附屬物。在此中，男性只是被女性所生，所以被位移到次等的地位，而且由於男性社會中常藉著殺戮取得權力的正當性，相對於女性是藉由生育本身獲得權力的合法性而言，作者更要突顯後者對生命本身的重視。這種將男權解消，建立女性主體的模式，從莫言的創作觀來對照是對其母親情感的反哺，但放到文學史的脈絡來看，亦可以示爲作者對女性意識的發現與重視。

其次，夏志清曾在論〈現代中國文學感時憂國的精神〉中指出：「中國作家的展望，從不踰越中國的範疇……這種姑息的心理，慢慢變質，流爲一種狹窄的愛國主義」[19]夏先生這篇論文的

18　譚桂林〈論《豐乳肥臀》的生殖崇拜與狂歡敘事〉，《人文雜誌》，2001 年
　　05 期，頁 106。
19　此篇論文同時收於夏志清《愛情・社會・小說》，(臺北：純文學出版社，

探討期間，雖然鎖定在 1917 至 1949 年，但在今日來看，仍能點出長久以來中國文學作品鮮難與西方眾多世界級作品抗衡的原因。可貴的是，在當代文學中，已經出現慢慢能意識到超越民族主義意識的作品。莫言筆下的女性，就常常扮演對歷史事件的本質問題有超越「中國」立場的理解。這一點非常難得，作者不但讓這樣的超越精神彰顯，同時更選擇以小說中缺乏知識的平民女性來擔當這樣的角色。也因此這些女性之所以擁有這種超越的眼光，嚴格說來，並不是出自於「知識」上的，而是根源於原始生命本質的普遍性。例如小說中的上官呂氏(上官魯氏的婆婆)在中日戰爭即將開打的背景仍然穩穩的做著自己的事，當他的兒子對她說要逃跑時，這名女性卻說：「上官家打鐵種地維生，一不欠皇糧，二不欠國稅，誰當官，咱都為民。日本人不也是人嗎？日本人占了東北鄉，還不是要依靠咱老百姓給他們種地交租子？」(頁11)又說：「日本人不是爹生娘養的？他們跟咱這些老百姓無仇無怨，能怎麼樣咱？」(頁 28)由以上的引文就可以看出，上官呂氏關心的焦點在「人」本身，並不是後天人與人之間自行塑造的對立，所以她不會先驗的把日本妖魔化。類似的例子也可以在上官魯氏的生產場景中窺出，上官魯氏因為生產昏死過去，最後弔詭的被科學化的日軍軍醫所救。這個事件的意義可看作為莫言企圖解構將所謂敵人全部都看成「壞人」的傳統想法，而且也是透過「女性」的媒介來完成。由此我們就可以說，莫言是透過賦予女性原生本質超越的特質，來作為他想像女性主體的歷史建構的一

1970 年 9 月)，頁 79-106 及《中國現代小說史》(臺北：傳記文學出版社，1991 年 11 月)的附錄二中，頁 533-552。

環，並由此肯定，雖然在《豐乳肥臀》的女性的生命也有其侷限與扭曲，但比起小說中的男性來說，她們仍然更接近生命的本質與真正的開明。

　　第三，莫言想像的女性歷史，比起男性在這段動盪不安的百年歷史中，更具有宗教精神載體的角色。小說中主要與宗教有關的意象如聖母瑪莉亞像、教堂、被白鴿圍繞著的母親所住的古塔的出現，都與女性有關。而男性如上官壽喜，則是在小說中欲請樊三大爺接生的路線中，捨棄了「經過教堂」的那一條路，兩相對比即可看出作者對女性的歷史較接近宗教的意蘊。特別是母親上官魯氏一生承載兒女紛紛擾擾、潮起潮落的抗爭，但最後仍然都包容、承載下來，所以她的每個兒女，生從她出發，死也都要回來她的身邊，或至少經由她所目睹或送行，代表宗教信仰的如影隨形。上官魯氏臨終前仍走進教堂，其精神等於與宗教合而爲一，而上官金童在其母親死後，在教堂進行清掃衛生的工作，也間接轉喻男性最終受到母親及宗教精神的感化，同樣也顛覆了父權體系中以男性爲主體教化萬民的模式。由此可以看出，作者透過對女性歷史的想像，讓她們在歷史的洪流中，一方面挺立自身結構的獨立、二方面被賦予超越國族的開明、三方面與宗教精神聯結，充份說明莫言對女性的好感遠勝於男性，女性的世界要來得比男性更合理的信念。

　　從另一個角度來看，莫言的歷史想像，還反映在他對民間野史的建構上。民間野史跟女性歷史在後設意義上有一種雷同的特

性，即它們背後其實都假設了一套欲解構的對象，如果說女性歷史所欲解構的是傳統中國、男性中心制度的神話，民間野史則是企圖還原被意識形態所忽略的民間本色，進而與中國官方大敘述抗衡。然而，嚴格來說，民間本色的狀況也有很多種，莫言實不同於阿城《樹王‧棋王‧孩子王》或余華《活著》、《許三觀賣血記》的那種含蓄的民間溫情，比較之下，作者讓野獸橫行、本能掛帥、無知無識的閒雜人等都參與形構歷史的重要關鍵，與傳統及官方的歷史概念完全悖反。例如在野獸的部分，《豐乳肥臀》中頻繁的出現各種動物，其數量甚至遠多於小說中的人物，代表作者想像的歷史，是人與獸共同形構的歷史，延伸隱喻歷史中人性與獸性並存的史觀。所以小說中人與獸常在文本內相互滲透，小說中的民間抗日隊伍取作「黑驢鳥槍隊」、司馬庫的車夫的外號爲「老山雀」、「鳥兒韓」、「鸚鵡韓」等命名，都可略窺作者隱喻其人物的動物性；而司馬庫在死前曾藉蝙蝠亦鳥亦獸的中間性，表現自己亦正亦邪的一生寫照，更暗示出這些野獸的身世歷史，與小說中重要人物的歷史，存在可供相互詮釋的空間，一方面是對人性的反諷，二方面暗示人類無法真正擺脫獸性的事實；至於小說中常伴隨女性出現的狐的意象，則是莫言企圖在嚴肅的正統歷史中，加入類似薄松齡《聊齋誌異》的傳奇特色，刻意突顯其虛構性。由此數端，我們就可以歸納，作者以人與獸並存出現的書寫，代表莫言對正統大敘述慣於強調人性、偉人但又無法避免歷史上頻繁殺戮現象的不信任與嘲諷。

其次，作者的民間野性歷史的想像內涵，還表現在重要人物

的本能功能的強調上。例如作者寫到司馬庫的性能力暗示、上官家七姊爲了食物被姦淫，尤有甚者，上官魯氏爲了讓八女上官玉女存活下來，以動物反芻的方式，將食物偷藏在喉嚨裡都是本能有限性的強調，這種本能書寫相當露骨，所以就有學者以爲：「莫言所執著應是一種醜怪荒誕的美學及史觀」[20]。尤其是司馬庫的身爲小說中重要軍隊的領導者，歷史上強調這些人物，很容易將其典型化及視爲禁欲的大愛者，但莫言卻刻意彰顯其粗俗、自戀、性功能旺盛等書寫，暗示再偉大的人物，包括小說人物、真實人物，其實都是平凡的人物。這一點也跟筆者在論及〈創作觀論〉中提到的莫言對英雄人物的看法是相呼應的，也惟其人物從神話走向平凡，人們才能真正以平常心來重估過往歷史事物、歷史人物的功過，這顯然是莫言作爲小說家對歷史的幽微期待。

　　最後，除了在主要人物之外，莫言在小說中，還刻意塑造一些無知無識、閒雜人等的平民配角扮演整個小說中歷史爭戰的陪襯角色。在小說中，有一場日軍與東北高密鄉鄉人戰爭後收屍的場景，莫言卻設計讓司馬亭(司馬庫的哥哥)帶著一群平常在鄉裏遊手好閒的人士來進行收屍的工作；而另外一組抗日軍隊黑驢鳥槍隊的隊員亦是來自四面八方，完全是草莽之徒，只是憑藉像司馬庫、司馬亭或沙月亮等領導者的號召，自覺能夠提供予他們溫飽的機會，就立即加入這些軍隊。他們並不是總像官方敘述中偏好強調主動積極的愛國主義或國族主義性格者。嚴格來說，這些

---

20 轉引自王德威《跨世紀風華：當代小說 20 家》，(臺北：麥田出版，2002年 8 月)，頁 258。原出處：Wolfgang Kayser, *The Grotesque in Art and Literature*(Bloomington :Indiana UP,1987)。

在戰爭中被收編的角色，只是歷史中的一項工具，他們其實並不明白、或真的關心上層人物在意識形態之爭中的問題，只是憑藉著能滿足當下需求的目的進行判斷。所以這一類的歷史人物，相當容易受到控制與煽動，也無所謂堅定的信念可言。在此作中就有一個仿文革的場景，大批民間人士聚集看圖說話批評資產階級司馬庫，原本與司馬庫對立的一方請了一位郭大娘進行對司馬庫殘暴的「現身說法」，卻沒有想到對方在訴說時，雖然在煽動下確實說出了司馬庫符合批評的條件，但也真誠的點出他的優點與良善，當場就讓只想聽到一元論述下的批判者落入尷尬的場面；另一個槍決司馬庫之女的場景亦然，原本在一個批判者的鼓燥下，「政府」方就要下令進行處決，但是整個場景的人民卻在最後一刻良知發現，隱約的知覺他們無法接受這種處決的行為本身，因為背後並沒有真正人性的基礎。莫言透過這種野史、無知小人物延伸想像出整個歷史事件同時存在邪惡與良知的真像，給出不同於知識分子由上而下的啟蒙模式，直接由基層平民自行知覺：戰爭的複雜、權勢的操弄遠非當權者所以為的那麼容易控制、人民也不像政府或官方以為的可以長期無知。只可惜，無論是知識分子式或基層平民式的啟蒙，所付出的代價，也正是像小說中所書寫的，總是在瀕臨死亡的邊緣、人性殘破的深淵才見希望，莫言對於人類在歷史中的無知的悲觀，跟筆者在第一節「邊緣的追尋與扭曲」所顯示悲觀顯然並無二致。

第三節　情慾的深化

最後筆者要討論《豐乳肥臀》中的情慾問題。這個命題之所以能夠成立，也有幾項理由：第一，從作品本身來看，《豐乳肥臀》中的情慾及性事書寫相當頻繁，意象本身也帶有足夠的性暗示及聯想，說明此中應存在有意識的藝術設計；其次，作者曾言「性」是他在此書所思考的重點之一[21]，筆者在《創作觀論》也論及小說家對女性的解放和情慾的自主有著探索的興趣，與情慾主題有交集；第三，在中國的古典文學作品中，向來忽略情慾之於人性、人生的重要，不是將其視為道德禁區，就是過分提高情愛的部分而忽略慾望之於人類的影響及重要性，對於人類在情慾之間的複雜性理解開發有限。莫言作為一個當代、對此主題意義的流變有自覺的小說家，是否其筆下的情慾內涵真的只有中國大陸學者謂之「性變態的視角」[22]那樣淺薄？在此節中，筆者將重新提出新的論證來詮釋此作的情慾書寫，將會指出莫言在《豐乳肥臀》中的情慾內涵，重點在探索人性中獸性與靈性、自戀、救贖及非理性等深層問題，這些問題突破中國傳統表面鄉願的溫柔敦厚，是對中國人性黑暗面的知覺及心靈與身體的辨證狀態的開發。

---

21 見 2002 年公共電視「週二不讀書」節目主持人蔡康永先生的訪問記錄：http://www.pts.org.tw/~web01/tuesday/index2.htm。

22 彭荊風〈《豐乳肥臀》：性變態的視角〉，《文學自由談》，1996 年 02 期，頁 11-14。

在《豐乳肥臀》中，獨乳老金是作者探索情慾中獸性的原始模式及其變形的角色。這名女性在小說中因為不知名的原因只有一隻乳房，被上官金童以「獨角獸」謂之。她是一個激情縱慾的女人，小說中她曾自傲的說：「老金這一輩子，就靠這隻獨奶子打天下，你那些混帳姐夫，什麼司馬庫魯立人，都叼著我的奶子睡過覺。」(頁 446)暗示她以獸性肉體作為控制男性、達成自己目標的手段；但是另一方面，獨角獸又是一種西方幻想下的神獸，在文化的意義下具有唯美而良善的特質，所以獨乳老金在精神上又病態的只迷戀上官金童一人、瘋狂的想和上官金童交媾以滿足其病態的情慾，也讓她在小說中不能說話的雪集儀式裡破功，使她在雪集開了口就因此有了破壞文明制約、社會規範的象徵意義；但她具有類似獨角獸的靈性的暗示又讓她在五十歲的高齡又生出兒子，因此有乳汁能夠治療上官金童的戀乳疾病，讓上官金童獲得生命的重生。這些線索都說明瞭獨乳老金在小說中代表情慾中獸性與靈性並存、毀滅與再生同存的狀態。

從另一角度論之，「獨角獸」在此部小說中還被用來指稱在人民公社時代下的一個廣播節目名稱，這個廣播節目的撰稿人是戰鬥隊的宣傳部長，「所有的稿子都他一人採寫」(頁 419)，是政治的一言堂；從商業來看，「獨角獸」還是上官金童在小說進入資本主義時代所開設的乳罩店的名稱，所以，從整合的象徵意義來說，「獨角獸」已經從與人的交媾轉變到與政治及商業交媾。上官金童過去與獨乳老金交媾時，尚且還有「能舉」的可能，因為這名女人身上至少除了獸性之外還有靈性及原始的生命力，和其一生

所追尋的美及形式是相符的，所以他尚且還「能舉」；但政治及商業的本質則完全不適合上官金童，他在這兩項的能力全面失敗，暗示與政治及商業交媾下的「不舉」。「獨角獸」橫跨獨乳老金、政治及商業化的交媾模式，隱約流露作者個人獨特的、以人類性慾的價值大過政治與商業的思維傾向，也與在第二節中筆者所論及的莫言較重視本能、民間野性的思維一貫。

　　第二種與情慾有關的內涵是自戀問題。在小說中以司馬庫為最。這個男人在小說中除了曾擁有四房太太外，在外面還與不少女人發生關係，甚至深深以此能力強為榮。但是筆者發現一個很有趣的現象，與司馬庫有關係的女人的場景出現時，水的意象亦會跟著出現。例如上官家的二姊招弟就是在河流旁邊認識當時正在實驗抗日武器的司馬庫；她死的場景則是在大雨中被司馬庫從風磨房在眾人凝視中抱出來；當司馬庫被捉成俘虜時，反方欲將其以渡河的方式交由上級處理，與司馬庫曾亂倫的上官家大姊來弟亦親自來送他；後來司馬庫因深諳水性而從河流上脫逃，再一次出現的場景則是在白馬湖。河邊，大雨，渡河及湖，都是與水有關的意象。而最後一次的出現，其身邊又有一名女子崔鳳仙。當崔鳳仙質問他為什麼女人都不顧一切跟著他跑時，司馬庫回答：「真心，我對女人真心」(頁 329)、「不管分成幾分，每一份都是真的。」(頁 329)透過水的意象頻繁而有機的出現來看，筆者以為可以解讀為司馬庫這個角色在情慾中的水仙花式的自戀色彩，這些場景下的每個女人，都是扮演一種「觀看」的角度凝視著司馬庫，滿足這個男人「被觀看、被注意」的自戀心理，女人是水，

作者透過這些水的意象的出現折射司馬庫透過女人等於臨鏡自照、自我愛戀的心理。沒有女人，他一切看似英勇的行為都失去了意義。筆者在此無意評價自戀好壞的問題，而是更要指出，對於司馬庫而言，這些曾經與其發生關係的女性對他的凝視，強化了他自戀式的英雄主義，而且如果沒有這種自戀、沒有這些觀賞者對自戀者的加持，這個男人在小說中的生命實在無法更有力的交待出其動力的來源。因此透過演繹，我們便可以發現，情慾是司馬庫生命力量的來源，情慾所產生的自戀，讓他能夠在小說中持續他英雄主義式的勇氣行為，所以，雖然司馬庫最後因為要保護親人而慷慨赴死，但其實他並不是一個真正的理想主義者，他只是在被眾女人的長期凝視下所累積的自戀尊嚴，促使他看似莊嚴的走向死亡的道路。所以這也是為什麼，此人求死的情節並未產生太強烈的悲劇性，因為他的求死動機並不純粹，而是帶有預料的、再次被凝視的自戀虛榮的表演性質在內。可是筆者也要說，這個角色在《豐乳肥臀》的男性中的死法中算是最好的，其他重要的男性，如筆者在「邊緣的追尋」所論及的，其死法都是「被動」的，但這個男人至少是「主動」求死的，這不能不算是其情慾所提供予他的自戀力量所強化的勇氣；當然，從另一個角度來說，扣除掉自戀成性的特質，司馬庫的人格在此作中就相對單薄了。

　　第三，筆者要討論此書情慾中的救贖意識。在第一節中，筆者曾論及，《豐乳肥臀》中的上官魯氏，與人交媾的目的是為了生出一名男性，好為家族傳宗接代，因此其性行為都多少帶有報復、

被動的動機，唯獨與瑞典籍牧師馬洛亞是在完全沒有被迫害的意識下，甚至是充滿著聖潔的禮讚下獻身，馬洛亞在上官魯氏山窮水盡時以宗教的大門歡迎她、承載她、歌頌她：「我的妹子……我的佳偶……我的鴿子……我的完人……你的大腿圓潤好像美玉，是巧匠的手做成的……你的肚臍如圓杯，不缺調和的酒……你的腰如一堆麥子，周圍有百合花……你的雙乳好像一對小鹿，就是母鹿雙生的…你的雙乳，好像棕樹上的果子纍纍下垂。」(頁 565，文中的刪節號為莫言原文就存在的)禮讚充滿自然的意象與神聖的誠意，但諷刺的是牧師和已為人妻的上官魯氏的行為都是戒律和道德所不允許的。所以弔詭的問題是在於：為什麼作者要安排在一種悖德的狀態下讓上官魯氏得到安頓？筆者提出二點同情的理解：首先，就小說背景環境來說，上官魯氏在現實的逼迫下心靈傷痕疊疊，對於一個心靈脆弱的人而言，為了得到希望的慰藉，人便更容易被宗教性的媒介所吸引，儘管當中有其扭曲的成分；其次，筆者以為這種西方牧師與東方女人交媾的模式其實是體現了西方宗教在中國大陸被接受的模式的轉變，西方宗教與東方思想的精神最大的差異就在於西方的上帝是超越一切的，它沒有人的有限性，因此才能成為所謂「第一不動的推動者」。可是在中國主流的儒家思想裡，主張的是人格天，要「暨超越又內在」，要在人的身上體證天的意義。馬洛亞牧師原本應該在一個絕對超越的立場從精神上開釋上官魯氏，可是在小說中，他甚至因為在東北高密鄉待了太久而忘記自己的瑞典語言，代表其內在已經被中國同化，他的立場從「神」轉為「人」，因此當他以人的姿態與上官魯氏交媾時，就可以合理解讀為其背後的宗教精神的轉變與扭

曲。因此他所給予上官魯氏的救贖，也就只能是肉體相親得來的
暫時安全感，而不是真正西方宗教精神中的安頓。但是，即使是
扭曲的宗教精神，對於上官魯氏來說，也是合理而必要的，小說
中的上官魯氏在人生將盡時，要求兒子陪她去「教堂」，而不是任
何中國式的建築意象，場景描述到風中的槐花就跟最初上官魯氏
與馬洛亞做愛時一樣，她的回憶中完全不存在悖德的陰影，只有
兩人真心投入的情慾帶給她的心靈安慰，所以，這種違背宗教又
有宗教安頓心靈的情慾效果，也潛藏著對中國的社會制度、制約
的反叛與背棄。

　　如果說上官魯氏情慾中的救贖最終指向宗教性的企求仍然有
人文精神的意義，而她的女兒上官來弟則是在情慾中以隱喻另一
種回歸自然的模式來得到心靈的安頓。上官來弟一生在小說中共
與四名男性發生過關係：沙月亮、司馬庫、啞巴孫不言及鳥兒韓，
如果以每位男性背後所代表的身份來解讀，就等於與投日漢奸、
國民黨政權、共產黨幕僚及外來的異鄉人等建立聯繫。這名女性
嫁予沙月亮是還未有清楚的人生自覺、與司馬庫發生關係時是精
神陷入瘋狂、而與孫不言的婚姻則是政府欽定，周旋於眾多男性，
讓她看遍勝敗之輪迴與世事無常，所以她反而更容易被來自於東
北高密鄉之外、象徵自然的鳥兒韓所吸引，因為他身上有著與其
他男人不同的、還尚未污染的特質。莫言寫到他們的愛情：「像沼
澤地裡的罌粟花，雖然毒，但卻開得瘋狂而艷麗。」(頁 370)而他
們作愛的描述是：「鳥兒韓感恩戴德的撫摸使她得到父愛的滿足，
鳥兒韓對性的懵懂無知使她得到了居高臨下的性愛導師的滿足，

鳥兒韓初嘗禁果的貪婪和瘋狂使她得到了性慾的滿足也得到了對
啞巴報復的滿足。所以她與鳥兒韓的每次歡愛都始終熱淚盈眶、
泣不成聲，沒有絲毫的淫蕩，充滿人生的莊嚴和悲愴。」(頁 372)
鳥兒韓在小說中由於曾被一度放逐到海外的山林，過著與世隔絕
的生活，所以在某種程度上，才能維持不受到東北高密鄉各式戰
爭、社會制度變遷所造成的扭曲，所以上官來弟與他之間的情慾
關係，就帶有她冀希生命中美好單純的想望，她其實跟上官魯氏
與馬洛亞的關係一樣，與鳥兒韓的性愛關係並不完全是身體官能
上的吸引，而重點在於與他歡愛能夠滿足她精神上的多層次的需
求。但上官來弟的狀況又有與其母親不同之處，同樣是以情慾為
慰藉的手段，但馬洛亞所象徵的，至少還有一點宗教上的超越性，
而鳥兒韓所代表的自然，在文化上的涵義是無心放任，未具有終
極承載效果的。因此，由於大姊上官來弟在與鳥兒韓發生關係後，
兩人都無法自我終結這種對情慾、及情慾背後自我憐憫的耽溺，
終究使兩人在小說中推向毀滅：來弟誤殺孫不言後自動投案而被
處死，鳥兒韓則是在被押赴刑的過程中，因企圖猥瑣的逃脫而被
火車壓死，帶有作者在小說中一貫對男性即使曾經有美好的純粹
素質，而終究無法像女性一般能夠保持較長的一貫性的嘲諷。

　　最後筆者要討論此作中所呈現的情慾裡的非理性力量。非理
性是一種接近直覺的狀態，從念頭起始到行動中間不像理性思考
的過程擁有各種複雜的辨證模式，因此乃以被預測及控制，但常
常造成關鍵性的影響。就常識來看，很容易被認為不重要，可是
此中內涵卻是文學藝術家非常好的題材。例如像 1998 年諾貝爾得
主喬賽‧薩拉馬戈的《盲目》、甚至米蘭‧昆德拉的《生命中不能

承受之輕》也都多少有意識到這種主題。[23]

　　這個問題的內涵其實相當恐怖，甚至會令一般正常人產生嫌惡的感受。在此作中，上官家三姊，被當成鳥仙的瘋狂者，被啞巴孫不言強暴後，竟然「臉上卻是動人的微笑」、「眼睛裡閃爍著美麗的、迷死活人的光彩」(頁 139)；同樣接近瘋狂的大姊在一場欲槍斃司馬庫二名女兒的刑場為了救她們而坦胸露乳，使執行槍擊的啞巴孫不言停止殺戮，竟然跪在她面前以膜拜的姿勢親吻她，他「雙眼裡全是淚水」(頁 245)，此中的重點在於三姊和孫不言的行為，他們在情慾中的表現，已經近乎非理性的直覺反應，但卻在關鍵時刻產生能夠逆轉情勢的力量。跟筆者前段提到的喬賽・薩拉馬戈及米蘭・昆德拉比起來，他們的人物對自己在情慾中的非理性終究還是有自覺的可能，但是莫言卻選擇以接近瘋狂或變態者來表現這種情慾中的非理性，就這一點來看，筆者以為，作者實在是相當寬容的，因為這種狀況其實可能出現的更具普遍性。所以我們必需思考的是：如果這種狀態是一種可能存在的普遍狀況，人們可以像行為理論一樣透過經驗的積累而推論出，透過非理性比理性更能快速達到目的，人們會不會為了獲得想要的目的而不擇手段？小說中的七姐喬琪沙被打為右派，極度反對政

23　在喬賽・薩拉馬戈《盲目》中，有個很曖昧的片段，裡面的女人知道自己即將被強暴，但是有一個女人心裡暗自在想：「最可怕的是我說不定會覺得愉快」，(臺北：時報文化，2002 年 8 月)，頁 156；而在米蘭・昆德拉《生命中不能承受之輕》中的女主角婚外情出軌，竟然在出軌的性愛中得到相當意外的肉體的滿足。都說明此中情慾的非理性的狀態並非吾人在理性時刻所能完全掌握、也絕非道德能夠控制。(臺北：皇冠文化出版公司，2004 年 7 月)，頁 177-181。

府的荒謬配種政策，但是因爲飢餓，爲了食物，她一樣陷入一個
非理性的世界中以身體易食換來溫飽的滿足。所以，以情慾來逼
顯非理性中的力量或利用非理性世界失序的邪惡的行爲，雖然在
小說中出現頻率不高，但其黑暗面的揭露之於整個情慾主題及全
書，仍然是相當難得而重要的。

第四章　藝術表現論

　　本章討論《豐乳肥臀》的藝術表現，擬從結構及語言文字兩大端著手。此兩大形式之所以有論述必要，除了它們是最基本的文學作品的組成單位元、能夠大致概括藝術表現的討論範疇外，最主要還是在於，筆者以爲《豐乳肥臀》的形式特色，確實也在結構及語言文字的表現上最爲豐富。而前脩學者以形式作爲討論的客體者甚少[1]，尚未能將其藝術表現的特質充分彰顯，因此在本章中，筆者將分別以「結構論」及「語言文字論」二節再深入延伸提出更完整的分析。

　　討論此作的結構及語言文字，有一項基本的論述前提：由於此作是一部在中國改革開放、西方文藝思潮背景下所創作的長篇小說，所以此兩端，多少具備融合中西藝術手法的特質[2]。因此，在結構上，筆者首將提出此書具備「複合式」結構的命題，並以此展開四部分的討論，以情節結構爲底層，一解析其與敘述視角結構的關係、二說明與意象系統的聯結、三闡述情節結構內的雙

1　筆者在第一章第三節的「文獻回顧與檢討」中已有論及這種不足的現象。
2　關於此點，筆者在〈創作觀論〉中第四節「雜種的藝術」已有概括論及：由於莫言是在一個在西方文學大舉進入中國環境下創作的作家，再加上他的鄉土取材，所以很自然的，他的手法便常常會有融合中西兩方藝術的特質。

線結構的表現及功能、四以文字及繪畫的互文方法詮釋小說開篇
對聖母瑪利亞的描述與達文西「利塔聖母」之間的結構暗示。在
語言文字上，筆者亦將提出「感官意象的滲透」、「魔幻寫實的點
綴」、「民間俚俗的氛圍」及「語言技巧的實驗」等四端來分析其
語言特質。本章重點將先提出各種藝術表現「如何」表現後，再
進一步聯結其特質與主題思想論的關係，以形成文本內涵與形式
合一的論述。

第一節　結構論

姚一葦在《藝術批評》中曾云：「藝術一詞，在希臘係指一種
技術，兼具藝與技的意義。」[3]對純文學作品而言，最核心的技術
問題，就是結構。同樣的一個故事，運用不同的結構來表現，文
本就會產生不同的意義；同時，由於受到時代開放、西方文藝思
潮激盪的影響，當代文學作品中也不單純只有一層結構，而普遍
具有複合的組織特質。

過去討論《豐乳肥臀》的表現形式的論述中，中國王岩就曾
有意識的以「縱橫交錯的結構」來討論其作品，他提出「人線和
事線縱橫交錯」的命題[4]，算得上是相當合理的評論。但是由於王
岩這篇論文的重點，是藉「形式」來詮釋「內容」，雖然在所難免，

---

3 姚一葦《藝術批評》，(臺北：三民書局，1996 年 6 月)，頁 3。
4 王岩〈《豐乳肥臀》的敘述方式與結構藝術〉，《克山師專學報》1997 年 04
　期，頁 21。

但也因此在藝術表現的形式分析相對受到壓縮、尚有再深化之必要。是故，在時代的條件及前脩的基礎上，筆者至少可以作出兩個推論：第一，《豐乳肥臀》的結構具備從中國改革開放背景、西方文藝思潮引進下的複合特質；第二，這種複合結構表現在此作品中呈現縱橫交錯的現象。而筆者以爲，此作的縱橫以交集在下麵四處最具討論價值，一是情節結構與敘述視角結構的關係、二是情節結構與意象系統的聯結、三是此作在情節結構中的敘事雙線結構的表現及功能、四是小說開篇對聖母瑪利亞的描述與達文西「利塔聖母」的互文結構的暗示。筆者將會先分析其各個結構「如何」呈現、即藝術表現的方式，再進而詮釋其關係、聯結、功能、暗示背後所代表的形式意義。

　　首先，《豐乳肥臀》的情節結構是以母親上官魯氏爲核心，其八女一兒的命運爲骨幹，藉由聯姻、生育子女及個人命運發展向外放射擴散。其核心及放射結構中的各條線索間彼此因互動所導致的衝突事件的各種組織方式即構成本書情節結構。此作以分別賦予主要人物代表各種歷史事件的方式：老大的婚姻分別有抗日英雄、投日漢奸的代表、老二象徵國民黨的起落、老五代表共產黨的進退、老六的婚姻則是與美援接軌，及在此四組人馬於百年歷史的流變、彼此鬥爭及在鬥爭的消長中所衍生的中國各式生存況態展開小說。其他子女、人物的命運分別均受到這個主結構的連動，因此這種組織模式，可以被看作此部作品的底層情節結構。從這層家族式的情節結構本身的文化意義來看，也可以看成莫言在此部作品中對中國傳統家天下模式發展的繼承。

　　然而，嚴格說起來，莫言這種放射式的家族情節結構，扣除了筆者所云之的文化繼承的意涵，單純從形式本身的創意來看，其實並不構成美學上的獨特性，因爲在文學史上，以家族模式作爲小說底層情節結構者並不少見，例如中國的《紅樓夢》、拉丁美洲的《百年孤寂》也都有類似的家族結構。所以欲發掘莫言此作在結構上真正的特色，還必須要透過將情節結構與其他的結構並置才能窺出。

　　由於小說的情節需要「被」敘述，因此文學作品中的情節結構其實都與敘述視角有關。而在《豐乳肥臀》中，單是作者本身的敘述視角，就有兩層，因此也可以看成結構的一種。這種敘述視角是作者延續他自《紅高粱家族》以降就常慣用的敘述模式：全知與有限知並存的模式。在一般的長篇小說中，全知與有限知並存是非常普遍的現象，除敘述者外，每個角色擁有各自的有限知是很平常的書寫。但是莫言的寫法並不只限於此，他的全知與有限知還可以共同集中在「我」與「上官金童」同一個角色上。陳思和留意到這種視角的一部分功能：「莫言的小說敘事主人公總是選擇一個懵懂的農村小孩。他拙於人事而敏于自然和本性，對世界充滿了感性的認知，由於對人事的一知半解，所以他總是歪曲地理解成人世界的複雜糾葛，錯誤地並充滿了諧趣地解釋各種事物。這種未成熟的敘述形態與小說所根據現實生活內容而表達的真實意向之間形成一種張力，也同樣構成了複調的敘述。」[5]但

<hr>

5 陳思和《中國當代文學關鍵詞十講》，(上海：復旦大學出版社，2002 年 10

在另一方面，莫言有時又讓「我」或「上官金童」扮演全知全能、了然於心的角色，完全不受其角色年齡定位的侷限。從寫實的立場來看，這是完全不合理的敘述方式，因為同一個角色不可能一方面全知，一方面又變成只知道部分的有限視角，所以這是一種魔幻寫實的寫法。這種雙層敘述視角的設計，使得作者筆下的「我」與「上官金童」，一方面能夠扮演紀錄各個不同時空下歷史事件細節的功能，二方面藉由上官金童的感性強化作品的個人色彩與情感張力，例如上官金童總是能藉由吸吮母親乳房的方式，得知現在、過去的歷史事件的「具體實況」即為例。當一個人以兩種敘述視角出入情節結構中，便使得「情節」衍生出不同、多元的景觀，也可以解讀成作者在兩種敘述視角中擺盪於外在世界和內心世界的縮影。作者刻意讓自己變成一位主觀的歷史參與者與評論者，打破在真正世界裡，一個人不可能同時擁有「入乎其內」的有限知，又「出乎其外」全知的可能，以與彼時中國所存在的「客觀」的大敘述抗衡，以「主觀」解構「客觀」，以突顯「客觀」的荒謬。然而，筆者同時也特別注意到，莫言這種敘述結構背後的情節，如果沒有那麼強烈需要解構的需要，作者這種敘述方式就難以建立合理性，因此也難免降低其普遍應用的可能。由此可知，在某種程度上來說，以魔幻結構作為藝術表現的手段，有其特定指涉的侷限性。而同樣從形式的文化意義上來看，莫言的情節結構與敘述視角結構的交集，就帶有融合中國傳統與西方現代主義色彩的特質，也等於反證此作是位於中國改革開放思潮下的作品。

月），頁 181。

　　其次，此作的情節結構，與一組乳房的意象結構，同樣以放射的形式疊合在一起。這一組乳房意象包含乳房的各種狀態：由豐乳爲核心，接著出現各種不同形態、包括扁乳、獨乳、鐵乳、無乳頭的假乳……等的乳房意象，這些意象的出現與改變，主要是隨著歷史的前進而不同，兩者的疊合代表作者對作品的有機自覺設計。同時，由於情節結構是構成主題的後設架構，因此意象結構與其重疊就代表意象形式與主題之間的呼應。與筆者在第三章〈主題思想論〉所提出的三個主題之間的關係對照來看：此種結構(情節結構與意象結構疊合的狀態)從形式上來說：第一，其與「邊緣的追尋與扭曲」所提出的各種不同邊緣的追尋的論述結構有雷同的扣合，其意象的不同，暗示人物的不同生命本質及不同邊緣人物所追尋的對象及其扭曲的差異；第二，由「歷史的想像」所論及的女性主體歷史及民間野性歷史來對照，乳房意象的女性化、意象群組的發展擴散，也可以與女性主體歷史呼應，代表女性在歷史發展過程中的流變。而乳房的哺育功能，又是女性的本能，最具備民間性，其意象在時間的遞嬗中，由真實到虛構(如由豐乳、扁乳、獨乳到無乳頭的假乳、鐵乳)、由軟到硬(如豐乳與無乳頭的假乳、鐵乳對照)的形式轉變，都與民間野性歷史中的政治化、社會演變的想像相互疊合，例如鐵乳的意象出現在政治鬥爭最頻繁的背景、無乳頭的假乳的意象出現是在資本主義進入東北高密鄉的階段等，都是暗示過去歷史上有生命的乳房、孕育生命的乳房已流於僵化與物化的現象。這些都是作者同時將情節結構、意象結構與主題思想的內涵組合的有機表現。第三，從與「情慾的深化」的關係來看，更可以從這組意象中的人乳與獨乳

的對照、各種乳房的形式存在於同一個世界的現象，回應小說世界在此主題中所隱含的人與獸的並存、理性與非理性同在的混沌狀態。由此可知，莫言對小說情節結構與意象結構間繁複的組織及其與主題相互呼應的方式，證明他對於同時掌握不同形態、不同種類、不同價值觀之間並存的能力。這同時也能說明，爲什麼莫言在取此作的書名時，堅持要以《豐乳肥臀》命名[6]，因爲這一組詞彙的概括、延展意義最強，兩者不但兼有內容又有形式意義，當它們彼此與其主題相互疊合時，就形成與主題合一的壯闊與複雜世界。

　　第三，正如筆者在此作的主題思想論中所闡釋出來的多元主題，莫言在主要的情節結構中，還安排雙線結構來表現他的意念。這種雙線的結構，一方面可以是二元的對比，二方面也有將不同生命形式並存與融合的暗示。例如莫言在同一時空設計兩條敘述線索，一條交待上官魯氏生產的經過，一條描述上官家的驢子也同樣在生產的過程。她的婆婆對上官魯氏說：「你公公和來弟她爹在西廂房裡給黑驢接生，它是初生頭養，我得去照應著。」(頁6)小說中運用同時空但不同場景的切換，上官家的長輩都集中到西廂房幫黑驢接生，而上官魯氏則是獨自一人想辦法「自行生產」，表現黑驢所受到的照顧遠大於對人的關照；同時，由於同屬生產事件，莫言刻意安排讓獸醫樊生在接生完黑驢後，又嘗試接

6　莫言在取本部小說的書名時，曾一度受到出版社動員遊說修改書名，在洪範版的《豐乳肥臀》正文前的評介及許多中國學者的論文中都曾提到認爲此部書名過於粗俗的意見。但作者是認爲：「我相信還是有的讀者讀完了全書以後，會感覺到這個題目它本身，不僅僅像大家所想像的那樣是一個很粗俗的字眼。」見網站：http://www.pts.org.tw/~web01/tuesday/index2.htm。

生上官魯氏的小孩，雖然樊生的接生最後並不成功，但此中呈現出作者並不傾向將人畜彼此「對立」來看，而是認為其中有交集的空間。從小說的創作方法來看，二元對立在小說中其實是非常普遍的技巧，從哲學來看，也是人類最基礎的認識世界的方式，一個作者選擇清楚的二元對立的角度，雖然有助於將其角色典型化，但也會無形降低對生命複雜本質的理解。莫言的雙線結構雖然是以二元出發，但跟他的主題思想一般，都是同時存在正反合的辨證思考。而讀者為了要發現雙線背後的涵義，也必須自行將其兩端進行比較，等於是作者設計讓讀者親身「參與」見證這種現象，讓讀者自行發現與選擇事件背後的意義。

　　第四，莫言在此書的開篇，有一段關於繪畫的描述需要運用互文[7]的理論進行比較才能說明其結構問題：「馬洛亞牧師靜靜地躺在炕上，看到一道明亮的紅光照耀在聖母瑪利亞粉紅色的乳房上和她懷抱著的聖子肉嘟嘟的臉上」(頁 3)，根據筆者比對文藝復興時代的繪畫，發現達文西(Leonardo da vinci)的「利塔聖母」(見

---

7 所謂互文，目前仍然是一個未定的概念，一般來說，其重點在於概括分析「文學作品之間互相交錯、彼此依賴的若干表現形式」蒂費納．薩莫瓦約著，邵煒譯《互文性研究》(天津：人民出版社，2003 年 1 月)，頁 1；其內涵也應該包涵類同，「所謂類同原則，便是藉尋求類同來研究同時期文學與各類藝術之間的相似性，以探討特定文化中特定時期之獨特風格、形式特質，或藝術美學之通則。」劉紀蕙《文學與藝術八論》(臺北：三民書局，1994 年 10 月)，頁 129；而在王潤華翻譯的《比較文學理論集》中亦提到「類同包涵兩部沒有關連的作品裡面，風格、結構、情調或思想的相似處」。(臺北：國家出版社，1983 年 7 月)，頁 28-29。這種方法對於幫助我們理解不同藝術作品、藝術符號的相似性及形式轉換背後的意義有一定正面的價值。

圖一)很可能就是作者書中所描繪的對象[8]。而劉紀惠曾在舉例分析文學作品與繪畫之間的關係時也用了達文西的例子，她在分析達文西的「岩間聖母」(見圖二)時提到：「聖母瑪利亞、聖嬰、天使與施洗者之間形成正三角形穩定結構，背景高聳的岩石顯示十六世紀文藝復興時期對自然界的興趣，而岩石圍繞中的是永恆、

圖一　　　　　　　　　　圖二

不朽、和諧的世界」[9]由於兩幅繪畫均屬達文西的作品，再加上從

---

8 雖然莫言曾在美國哥倫比亞大學的演講中指出，他寫這部書的動機，乃在於 1990 年秋天的一個下午，在北京地鐵站出口被一個女人哺育嬰兒的場景而深受撼動而作。(收錄於莫言《小說在寫我：莫言演講集》(臺北：麥田出版公司，2004 年 4 月，頁 47-54)筆者在外緣上也沒有作者看過達文西「利塔聖母」的證據。然而，「利塔聖母」這部畫，卻是少數達文西的作品中歸屬俄國的畫作，以俄國早期與中國的密切關係，及這幅畫本身和莫言所實際看到的場景同屬母親哺育嬰兒的貼合，再加上比較文學上廣義的類同可以接受討論不同藝術作品之間相似點的假設，筆者仍然認為此處的結構討論的前提可以成立。

9 劉紀蕙《文學與藝術八論》(臺北：三民書局，1994 年 10 月)，頁 131。

繪畫本身來看，可以明顯看出來「利塔聖母」本身也具備劉所云
的三角形的「穩定結構」，其兩扇窗外之大自然，也與劉所提到的
「對自然界的興趣」有雷同之處。更重要的是，這兩項特色(穩定
結構及對自然界的興趣)其實正跟《豐乳肥臀》中上官魯氏在其家
所扮演的穩定性意義是不謀而合的。同時，此作也強調民間鄉土
與大自然，與此畫的背景也能互相詮釋。所不同的是，在莫言此
書中，全知者後來看到的畫「因為去年夏季房屋漏雨，在這張油
畫上留下了一團團焦黃的水漬；聖母和聖子的臉上，都呈現出一
種木呆的表情。」(頁3)這段形容繪畫的文字敘述其實也是暗示作
品內容的發展方向，是穩定性結構受到外力破壞，從而發生「焦
黃」、「木呆」的現象，將其視為暗示的意義來看，也與本書後來
所發展的主題內容相符合。

　　因此，藉由以上四端對結構的分析，相信我們已經能夠肯定，
莫言此作的結構雖然複雜，但仍是與主題思想多所扣合的完整的
設計。由此可證，中國學者彭荆風曾經以「結構鬆散拖沓」[10]來
形容此部小說的評論，及李鴻所說：「整部小說找不到串連始終的
主導性思想，一切人為刻意追求的完整、深度模式都被零散化的、
平面化的敘述所代替」[11]的說法，並不具備完全客觀成立的條件。

10　彭荆風〈《豐乳肥臀》：性變態的視角〉，《文學自由談》，1996年02期，
　　頁11。
11　李鴻〈《豐乳肥臀》的後現代性解讀〉，《吉林師範大學學報(人文社會科學
　　版)》，2003年，02期，頁15。

第二節　語言文字論

　　雖然仍有不少的文本藝術形式的研究，是將作品中出現過的各種語言文字的形態進行分類再逐項探討。但在一部高達五十萬字的長篇小說中，筆者並不認為這樣的方法是最合理而恰當的方式。一方面是因為在文藝思潮、技巧知識極為普及的當代，每位作者對於類似的語言文字的形式都有基本的掌握，全面分析未必一定能夠推論出特色；二方面是長篇小說的文類中語言的表現形式不單純是以語言本身為塑造目的，有很多是因為情節的需要所作的過渡描述，也未必有其獨特表現。所以，筆者在此節的評析標準，是以其語言文字特色的獨特表現、與主題的配合的系統性、及跟當代其他中國作家的差異性等來發掘其特色。分別以「感官意象的滲透」、「魔幻寫實的點綴」、「民間俚俗的氛圍」及「語言技巧的實驗」進行闡述。

(一)感官意象的滲透

　　洪子誠曾經指出，莫言的小說，「表現了富於感性化的風格」、「在描述中，心理的跳躍、流動、聯想，大量的感官意象奔湧而來，而創造一個複雜的、色彩斑斕的感覺世界」[12]；金漢也曾提

---

12 洪子誠《中國當代文學史》(北京：北京大學出版社，2003 年 3 月)，頁

過：「感覺化是我們述介莫言的一個切入點」[13]。確實，莫言的小說，感官意象的存在密度極高，但也因此，眾學者便鮮少注意到，莫言的感官意象的使用，其實最重要的不是其零散性的修辭效果，而是具備與情結、主題相呼應、滲透的系統成績，在上一節裡，筆者已經針對「乳房」這一組意象，就「結構」面來進行與情結呼應的討論。而在本處，筆者將聚焦於意象的「內容」本身的表現及其與主題思想的關係進行討論。

　　由於《豐乳肥臀》除了在視覺意象外，更包含嗅覺、味覺、聽覺、觸覺等整體感官的滲透。因此以下將分別以各種意象爲標的，逐項舉例進行說明：

　　首先，我們可以透過莫言在小說開端及結尾來觀察其視覺意象的設計，莫言寫到：

> 馬洛亞牧師靜靜地躺在炕上，看到一道明亮的紅光照耀在聖母瑪利亞粉紅色的乳房上和她懷抱著的聖子肉嘟嘟的臉上。因為去年夏季房屋漏雨，在這張油畫上留下了一團團焦黃的水漬；聖母和聖子的臉上，都呈現出一種木呆的表情。(頁 3)
>
> 在星月璀璨的這個夜裡，上官金童嘴裡塞滿花朵，仰面朝天躺在母親的墳墓前，回憶了很多很多的往事，都是一些

330。
13　金漢《中國當代文學發展史》(上海：上海文藝出版社，2003 年 3 月)，頁 542。

閃爍的碎片。後來，回憶中斷了，他的眼前飄來飄去著一個個乳房。他一生中見過的各種種型的乳房：長的，圓的，高聳的，扁平的，黑的，白的，粗糙的，光滑的。這些寶貝，這些精靈在他的面上表演著特技飛行和神奇舞蹈，它們像鳥、像花、像球狀閃電。姿態美極了。味道好極了。天上有寶，日月星辰；人間有寶，豐乳肥臀。他放棄了試圖捕捉它們的努力，根本不可能捉住它們，何必枉費氣力。他只是幸福地注視著它們。後來在他的頭上，那些飛乳們漸漸聚合在一起，膨脹成一隻巨大的乳房，膨脹膨脹不休止地膨脹，矗立在天地間成為世界第一高峰，乳頭上掛著皚皚白雪，太陽和月亮圍繞著它團團旋轉，宛若兩隻明亮的小甲蟲。(頁 598-599)

　　筆者在討論結構的第四部分時，也使用了第一個引文。因為這段文字之於整部小說，有提綱挈領的功能。它的意象包含一組正面，如「聖母瑪利亞」、「聖子」、「紅光」、「紅色的乳房」、一組負面，如「焦黃的水漬」及「木呆的表情」的表現。這種意象的對比是一種語言文字的藝術安排，代表作者企圖在開篇時即形成一種強烈主觀性的對列，暗示整部作品就是從前者的聖潔意象，慢慢走向頹廢的過程。聖母瑪利亞和聖子指涉小說中的上官魯氏和其唯一的兒子上官金童，紅光及紅色的乳房就色彩來說也流露暗示小說的主觀、濃艷的風格；紅色的乳房也代表小說起始時乳方的良好狀態，搭配紅光的字詞，則又同時兼有幅射的熱情及血災的預言，整體來說，均指點出小說後來重要發展的脈絡和形式。

到了末章節尾時，作者則是將在本書中所出現過的各種乳房的意
象再次呈現出來，以「像鳥、像花、像球狀閃電」這種明喻組成
的博喻來收小說中主題思想所放射出去的線索，鳥的意象代表小
說中的三姊鳥仙背後的民間信仰儀式、花的意象則與作品中的大
自然背景聯結、而球狀閃電，根據作者另一篇同名小說〈球狀閃
電〉所云，是指涉民間的傳說，意為當有人作了傷天害理之事，
天空就會出現球狀閃電的現象。莫言透過這些意象的聯結性，提
出他個人以為：《豐乳肥臀》是人生各種形式、狀態的終極統攝根
源；所以，最後才能以「天上有寶，日月星辰；人間有寶，豐乳
肥臀」的雙層略喻來突顯作者將豐乳肥臀理解成有日月星辰般的
高度，並回扣聖母瑪利亞與聖子的超越意象。語言文字的組織藝
術兼有暗示風格發展與主題思想相扣是成功的主因。

　　在嗅覺和味覺意象的處理上，本作特別設計隨著時間空間的
遞進而不斷變化的意象，如：

> 我吸出了混合著棗味、糖味、雞蛋味的乳汁，一股偉大瑰
> 麗的液體。(頁49)
> 因為上官來弟的私奔，母親一貫俏皮地翹起的粉紅色乳頭
> 突然垂下來，像成熟的穀穗垂下了頭。垂頭的同時，粉紅
> 的顏色也變成了棗紅。……淡薄的乳汁裡，有一股朽木的
> 氣息。(頁86)
> 她表面上平平靜靜，但我從奶汁的味道上，知道母親內心
> 波瀾滔天。(頁97)

嚴寒的冬天開始。母親的乳汁裡全是草根和樹皮的味道。
（頁 116）

在上述的這些引文中，還可以發現共感官[14]的特色，例如「瑰」
麗這個字，可聯想到玫「瑰」顏色，屬視覺意象；「朽木」及「草
根和樹皮」也有頹廢的咖啡、草綠等視覺意象。從「棗味、糖味、
雞蛋味」、「朽木」、「草根與樹皮」的內容來看，也可讀出這個母
親所生存的背景是鄉土的、瀕臨生存邊緣的，將味道的轉變並列
齊看，也等於側寫客觀環境的每下愈況。

在聽覺意象上，使用的比較有特色的，是金童聽到的玻璃酒
瓶子聲音的描述，如：

此刻，他聽到，母親疊在房後邊那道由幾萬隻玻璃酒瓶子
砌成的牆，發出了嗚嗚咽咽、如泣如訴的聲音。這些變幻
莫測、五彩繽紛、五味雜陳的聲音，使他的眼睛裡流出淚
水。……他彷彿看到室外燦爛的星空，巨大的星球團團旋
轉，在天空中形成一個個無邊無沿、拖曳著熊熊火焰的漩
渦。他聽到木星緩慢粗獷的聲音，土星沉悶的、如同滾雷
一樣的聲音，水星輕快的歌唱，火星明麗的嗓音，金星尖
厲刺耳的歌聲。五大行星運轉時發出的聲音與幾萬隻酒瓶
子在風中的呼嘯混為一體，他沉靜地進入夢鄉，第一次沒
被噩夢驚醒，一覺睡到天亮。（頁 437）

---

[14] 二種以上的感官意象合併在一起使用謂之共感官。

在此引言中的聲音特色是由全知敘述者的立場感知，同時這種感知又加入許多幻想的成分，並不是客觀的聲音，而是想像的、主觀的聲音，所以才能「變幻莫測、五彩繽紛、五味雜陳」。但是這種聲音與文章開頭的「聖母瑪利亞」意象一般，都有著高度與遼闊感。天體中五大行星不同的聲音，也代表著母親的諸多兒女們所走向的不同命運，當五大行星運轉時的聲音與酒瓶子混為一體，也等於又將母親與其已分別的子女的命運連結在一起。另外，從聲音本身的形式來討論，大凡聲音要能打動人心，其演唱者或演奏者必需具備理解該首樂曲的精神狀態，才能夠聽出聲音中的高亢或低沉以及音調在轉換過程中的意義，所以，當作家企圖將聲音轉換成聽覺意象時，他所想像的聲音世界往往就是作家所理解的聲音意義的再現，儘管聽覺的媒介只是最普通的酒瓶子，但是莫言將它們與宇宙搭建起聯繫，「熊熊火焰的漩渦」就可以理解成小說中苦難的社會背景、人心狀態，漩渦把人類捲住、纏住、拖陷，在這種混亂又複雜的狀態裡，主人翁上官金童終因聽到這些想像中的聲音、聲音中的秩序、秩序中的撫慰力量，而能「沉靜地進入夢鄉」。

　　但是，不論是從寫實的立場或美感的角度，莫言在觸覺意象上的書寫很難讓論者覺得有說服力。在本書中觸覺意象出現的最頻繁的，是「雪集」這個事件。雪集是東北高密鄉的民間祭祀與慶典，敘述者上官金童被選為雪公子，雪公子的神聖任務之一，是透過他的手碰觸女人的乳房以賜福這些女人來年能夠生子、奶

水旺盛與乳房健康。就一項民間信仰儀式而言，這種行為本身還算合理，問題是莫言在處理這類觸覺意象上，只運用他最熟悉的鄉土自然的聯想，未能成功的烘托這個特殊的地方儀式或提示讀者這種撫摸行為背後的神聖性。如莫言寫到：

> 它們小巧玲瓏充滿彈性，說軟不軟說硬也不硬，像剛出籠的小饅頭。它們的頭兒很小，像兩顆小磨菇。
> 乳房像性情暴烈的鵪鶉，羽毛黃褐，嘴巴堅硬，脖子粗短有力。它們堅硬的連連喙擊著我的掌心。(頁282-283)

運用摸起來像「小饅頭」、「小磨菇」及「堅硬的連連喙擊著我的掌心」這種觸覺意象來寫一種儀式，實在無法很具體的交待究竟跟一般普通狀態下的觸覺有什麼不同，因此未能構成藝術上的獨特或美學性，也未能與此部小說中的其他有機部分整合而完形出更寬廣的意義，使這個「雪集」儀式在小說中的存在必要性大大降低，相當可惜。

(二)魔幻寫實的點綴

莫言除了在敘述視角結構有魔幻的特色外，其語言文字本身也有許多魔幻的書寫。這種書寫模式並非首次出現，筆者在〈論莫言〈紅高粱〉中的象徵〉中就曾發現：「莫言魔幻寫實的書寫主要呈現在已死亡的人物上，其目的是表彰那些人物的生命力、精

神不死與勇敢的形象。」[15]《豐乳肥臀》的語言文字同樣繼承莫言早期作品中對魔幻寫實技巧的應用，但書寫所隱藏的意義上已大幅度深化，表現形式也更顯多元。例如在一場民間抗日隊伍的爭戰後，呈現出的景象為例：

> 有脫離了馬身蹦跳著的馬腿，有頭上插著刀子的馬駒，有赤身裸體、兩腿間垂著巨大的馬屌的男人，有遍地滾動、像生蛋母雞一樣咯咯叫著的人頭，還有幾條生著細的小腿在她面前的胡麻桿上跳來跳去的小魚兒。最讓她吃驚的是：她認為早已死去的司令竟慢慢地爬起來，用膝蓋行走著，找到那塊從他肩膀上削下的皮肉，抻展開，貼到傷口上。但那皮肉很快地從傷口上跳下來，往草叢裡鑽。他逮住它，往地上摔了幾下，把它摔死然後，從身上撕下一塊破布，緊緊地裹住了它。(頁37)

在這段引言中，莫言讓已破碎的各種器官以魔幻的方式重新被賦予生命；人的皮肉在被削下後，還可以被重組回來。皮肉自己想逃跑，代表「人的物質性」不想與「人」並存，但人對「物」仍有其需要，人最後終於與「物」合一，表現人與物融合並存。這種表現形式所帶出的意義，也與莫言的創作觀及主題思想論中所言及人的精神性與物性並存有相呼應之處。

---

15 黃文倩〈論莫言〈紅高粱〉中的象徵〉《中國語文月刊》，(臺北：中國語文月刊社，2003年11月)，第557期，頁77-82。

從人與物的魔幻書寫，還可轉換到人與獸合一的魔幻表現，如小說中上官金童的三姊上官領弟，在其戀人被日軍捉走後精神崩潰變爲所謂的「鳥仙」，莫言寫到：

> 她卻縱身一躍，輕捷地梧桐樹上，然後從梧桐樹又跳到大楸樹，從大楸樹又降落到我家草屋的屋脊上。……她的腦袋轉動幅度很大，脖子像轉軸一樣靈活，她不但可以輕而易舉地咬著自己的肩膀，甚至能低頭啄著那顆小小的乳頭。（110-111）

此中表現人與鳥的功能的合一，暗示人精神崩潰後，只是變成另外一種「形式」、擁有另外一些不同的能力。這種魔幻的世界之所以能夠存在，乃是因爲人類對於不可能力量的嚮往，無論現實世界如何豐富，還希望有精神世界、各種次元時空、各種未知狀態的存在。這種對另一種生命形式的整合的可能性來看，與筆者在主題思想論中所論述的「邊緣的追尋」的追尋的本質性顯然是一樣的。

另一方面，莫言在書中還運用少數魔幻寫實的語言，製造一種戰爭以後將有更嚴重的事件發生的暗示及大環境下瞬間的美感，如：

> 胡同裡靜悄悄的。一個人影也沒有，只有一群看上去十分虛假的黑色蝴蝶像紙灰一樣飛舞著。（頁 13）

> 在那片用鐵絲網攔起來的空地上，狂長的野蒿子淹沒了破
> 爛坦克的履帶。坦克的紅銹斑斑的炮筒子淒涼地指向藍
> 天。牽牛花的嫩綠色的藤蔓，纏繞著一門高小炮斷了半截
> 的炮管。一隻蜻蜓立在高射機槍的槍筒上。老鼠在坦克的
> 炮塔裡跑動。麻雀在加農炮粗大的炮筒裡安家落戶，生兒
> 育女；它們叼著翠綠色的蟲子在炮筒裡出出進進。一個頭
> 上紮著紅綢蝴蝶結的女孩坐在炮車的老化成焦炭狀的橡膠
> 輪胎上，呆呆地看著兩個男孩在用鵝卵石敲打著坦克駛艙
> 裡的零件。(頁382)

這一個引文的背景在日軍已攻進東北高密鄉的胡同；第二則是上
官金童與立場迥異的姊姊上官盼弟在各奔東西後又再見面時的對
話場景。戰爭無情，但是蝴蝶仍飛在安靜的胡同裡，從實然來看，
是說不通的，但若將其看成是魔幻寫實的語言，則一方面就兼有
「黑色蝴蝶像紙灰一面飛舞著」的黑暗美感，也同時達到作者欲
帶出的戰爭結束後，苦難仍像「紙灰」一般在燒完後仍如影隨形
的暗示。而在第二個的引文中，植物、動物意象如「野蒿子」、「牽
牛花」、「蜻蜓」、「老鼠」、「麻雀」及礦物意象如「鵝卵石」和鮮
明的人物意象如「紅綢蝴蝶結的女孩」都與戰爭器具如「炮筒子」、
「高射炮」、「高射機槍的槍筒」、「炮塔」、「老化成焦炭狀的橡膠
輪胎」等形成對比，前者是有生機的生命，後者是毀滅生命的證
據。當讀者跟隨全知敘述者的眼光掃瞄這一片場景時，除了發現
戰爭的殘骸，但也同時注意到動植物及新生代的自得與純粹，從
來不因戰爭而有所改變。這種魔幻式的語言殘忍的揭示痛苦是人

類永存的共象，但在同一時刻，新的生命也同時在誕生的希望。

　　嚴格來說，莫言在《豐乳肥臀》的魔幻寫實書寫的語言文字，其實並不多，之於整部小說甚至可以說是點綴的效果，但此處語言文字仍有其整合的表現，也與主題思想多所扣合，同時表現作者受到西方文藝思潮影響、又與作者個人的民間意象重塑合一的現象，所以依舊有其存在價值。

(三)民間俚俗的氛圍

　　中國由於疆域領土廣大，各省份民俗風情很自然的有明顯的差異，不同省份的作家在創作時，多少會帶出自己的方言，因此文學作品便間接的也有記錄時代語言狀態的功能。就文學藝術上來說，俚俗語言的運用也能夠幫助作者以更具體的方式描寫所欲表現的對象，強化甚至還原逝去的民間狀態。

　　雖然莫言的《豐乳肥臀》的語言文字的表現是敘述多於對話，而此種敘述又並非完全寫實，是帶有強烈個人色彩的主觀語言，但是作者仍在他的主觀敘述之外的人物言說內設計了一些精采的俚俗語言來強化其作的民間氛圍。例如作者就運用歌謠的形式來強化這種狀態：

　　　　各位鄉黨，大爺大娘大叔大嬸大哥大嫂大兄弟大姐妹們，
　　　　俺兄弟扒鐵打了勝仗，好消息傳遍了四面八方，七大姑八

> 大姨都來祝賀，送來了嘉獎令二十多張。為慶祝這一特大
> 勝利，俺兄弟請來了戲子一幫。他自己也將要粉墨登場，
> 演一齣新編戲教育鄉黨。過元宵節不能忘英勇抗戰，決不
> 讓日本鬼子占我家鄉。俺司馬亭是一個中國男兒，決不再
> 當這維持會長！鄉黨們，咱是中國人，不侍候日本人這幫
> 狗娘養的。(頁 100-101)

歌謠在中國自古以來就是記錄民間行動的一種重要形式，所以才
有詩經、民間樂府、詞曲的存在。而這段引文以押韻的方式，將
小說內容中的抗日背景、唱者的立場轉換以白話的方式進行交
待，其目的也是希望透過這種容易讓人朗朗上口、通俗語言的方
式，有效將其民間活動的狀態傳達與告知該地區的市井鄉人。同
時，使用歌謠這種具備音樂性的形式，也容易產生一種民間文化
氛圍，有助於以音樂曲調的隱形符號，埋藏在人的深層記憶中，
以保存長期流傳的可能。因此，作者在小說中穿插這種設計，對
於強化民間俚俗的效果，是相當合理的安排。

　　其次，作者在作品中一個仿文革的批鬥場景的人物話語中，
也可以看出其獨特的民間俚俗的語言設計：

> 秦二，您是勢利眼，司馬庫上學那會兒，往您夜壺裡裝蛤
> 蟆，爬到房脊上編快板罵您，您打他了嗎？罵他了嗎？給
> 他起外號了嗎？沒有沒有全沒有！(頁 238)
> 他不種麥子吃白饃，他不養蠶穿綾羅，他不釀酒天天醉，

鄉親們，是我們的血汗養活了這些地主老財。(頁 238)

俺徐瞎子活著一根竹竿，死去一堆狗食。(頁 241)

這三小段引文的背景都是在批判小說中被打為資本家的司馬庫。其語言如「夜壺裡裝蛤蟆」、「房脊上編快板」、「不種麥子吃白饅，他不養蠶穿綾羅，他不釀酒天天醉」中書寫的物品，都具備明顯的民間形象；而第一個引文的「編快板」跟第二個引文的排比和押韻的形式(饅、羅)，也有助於民間俚俗氛圍的渲染以進而形成人民對批判對象負面印象的累積；第三個引文中也是以「一根竹竿」的民間廉價物品的外觀內涵，表示自己一無所有的狀態，以「一堆狗食」預告自己死亡的寒愴，充份表達民間生活的狀態。此中的道德性或真假並不是語言文字要探討的重點，而是這種語言的形式本身，都成功表現了民間俚俗的氛圍。

　　而當時序進入八○年的改革開放時代，東北高密鄉的人歷經富農及資本家被批鬥的慘痛經驗，已經沒有人願意好好儲蓄、買地、腳踏實地作基礎的工作了。這個部份有一個象徵性的民間對話：

皮包男人說：「小夥子，別猖狂，共產黨不會忘了自己的歷史，你小心著點吧！」

夾克衫說：「小心什麼？」皮包男人一字一頓地說：「二次土改！」

夾克衫怔了一怔：「改去吧，老子掙了錢就吃喝玩樂，叫你

們鳥毛也改不著一根，你以為我還會像我爺爺那樣傻？拼死拼活掙幾個錢，恨不得嘴巴不吃臀眼不屙，攢夠了，買了幾十畝荒灘薄地，土改時，嘭，劃成了富農，被你們拉到橋頭上，一槍崩成個血葫蘆。我可不是我爺爺，咱，不攢錢，吃，等你們二次土改時，也是響噹噹的貧農。」(頁427)

作者分別以皮包男人、夾克衫借代共產黨及一般平民的形式來構成這組對話。引文中這個一般平民，以相當粗俗的民間語言，如「鳥毛也改不著一根」、「嘴巴不吃臀眼不屙」來表示自己寧願賺了錢就花，也不願像老一輩儲蓄卻換來被打成資本家、富農的下場。當中還以「嘭」、「咱」、「吃」單字的陳述，強化語言的力道，完全不是知識分子具備邏輯結構文法的語言，但卻也立體的展現形象鮮明的小人物的口語狀態。也一樣成功感染了本書的民間俚俗氛圍。

(四)語言技巧的實驗

僅管莫言在此書有不少精采的語言表現。但筆者接下來仍要探討一個也頗難定位的、本書在獨白、意識流、拼貼式寫作(如頁484-486、頁505)及鳥兒韓喪失語言能力後又日漸恢復的過程來表現語言文字的後設等技巧(頁356-368)的問題。雖然藝術作品的評價與其技巧使用的多寡並無絕對關係，但作者使用這些技巧究竟是否必要、能否與主題思想完全貼合，是一個需要檢證的問題。

爲了顯示這個問題的複雜性，筆者將會同時提出正反兩方的可能理解，最後再表示筆者個人的判斷傾向。

　　欲詮釋出較正面，對莫言在此書中在敘述上的各種語言技巧的實驗表現其實並不難。因爲我們只要將這些技巧，將其往兩個方向詮釋即可得到較正面的想法：一將這種現象視爲八〇年代後中國受到西方文藝思潮影響下的「結果」，肯定其相對於過去一元論述的時代意義；二是將這些獨白、意識流、拼貼式寫作、及語言文字的後設表現等的「形式」，歸究於作者企圖解構的欲望，就像鄭樹森《小說地圖》中針對拉丁美洲小說家馬里奧・巴加斯・略薩的《酒吧長談》(1936)的發現：「將故事線索分別割裂，並打亂時空來重組；讀者在閱讀時，必須將不同斷塊作辯證組合，才能拼出故事的整體圖像。通過這樣的結構，作家等於告訴我們，認識人物和事件從來就不是順序的，更不是有條理的，也絕不是全面的。小說的世界，也許就該像現實世界，得從混亂中找出秩序，即使到最後也只能有局部的認識。」[16]但是當我們再仔細思考，鄭樹森所言，雖然很有道理，但其探討的對像是 1936 年的著作，當時就能夠以解構的模式彰顯出解構的重要性乃著實不易。但到了當代，我們發現這種形式詮釋實在很難建立獨特性。因爲文學技巧發展至今，幾乎可以說沒有作家不會使用這些各式心理分析或解構的技巧，所以我們仍要探討作者是否在主題上真的有使用這些技巧的合理性、以及就算有合理性，使用的好不好的問題。

---

16 鄭樹森《小說地圖》，(臺北：一方出版公司，2003 年 1 月)，頁 143-144。

　　莫言在獨白、意識流、拼貼的語言文字的使用，是採用有精神病傾向的上官金童為敘述者，這種選擇有其合理性，因為獨白、意識流、或因為意識流動而嵌入內的拼貼語言之存在，背後乃是假設人類無法在「現實」的狀態中順利發聲使然，所以作者需要運用這種「形式」以呼應他的內容，這部份，作者是有做到的，例如，本書寫到：

> 我不否認我有精神病，但我的精神病只有面對著女人的乳房時才發作，其餘的時間我是沒病裝病。因為，我深深地體會到了扮演一個精神病人的樂趣。……大喇叭裏播放著電影插曲：世上只有媽媽好，有媽的孩子是塊寶，沒媽的孩子是棵草。冰糕冰糕，奶油冰糕。冰棍冰棍，插到嘴裏冒熱氣。砰！氣槍射擊，打中一槍獎一槍。(頁 483-484)

這整段的前半部可以看作上官金童的獨白，因為以「我」進行敘述。而後半部則是他的意識流動，他意識穿插、出入於電影流行曲、攤販、小市集的場景，因此也充滿八〇年代改革開放後期社會狀況大為改善的抽樣拼貼景觀。而在另一個語言技巧的實驗裡，作者很明顯的是想嘗試表現一種「語言本身的進化狀態」的景觀，他讓「鳥兒韓」這個角色在小說中被日軍捉走，躲在荒山密林裡生活了十五年，當他再回到相對文明的東北高密鄉，他已經幾乎喪失了成人語言的表達能力，因此作者以字彙漸進式的組織方式表現鳥兒韓的重回文明世界的語言過程：

> 我、打鳥、那天、黃皮子放槍、我跑、他們追、我一彈打
> 瞎他眼、他們抓我、綁胳膊、打腿、用槍托子、繩子拼著
> 一串、一串、一串、三串、一百多人、黃皮子問、我說、
> 下莊戶的、不像、我看你……(頁 357)

又待鳥兒韓隨著講話次數增多，其語言變爲：

> 海邊上，嗯，泊著十幾條船。一些人，嗯，盡是些老頭兒，
> 嗯，老婆子，婦女，嗯，小孩嗯，在那兒曬魚，嗯，曬海
> 帶，嗯，也挺苦的，嗯，哼著哭喪兒，嗚兒哇兒，嗯，哇
> 兒嗚兒，老鄧說，嗯，過了海就是煙臺，嗯，煙臺離咱們
> 老家，嗯，很近了，嗯，心裡樂，嗯，想哭……(頁 361)

> 他們拿出、一塊小黑板、嗯，粉筆、讓我寫字、嗯，寫什
> 麼呢、嗯、我的指頭、像鷹爪一樣、嗯、捏住粉筆、嗯，
> 手脖子酸、連粉筆也拿不住了、嗯，寫什麼呢？我想、腦
> 袋裡一鍋粥、呼哧哧的、嗯，想啊、想、嗯，兩個字、嗯，
> 出來了、出來了、嗯，中國、對了、中國、嗯，我在黑板
> 上、寫了兩個字、歪歪扭扭的、嗯，哪麼大的兩個字、嗯，
> 兩個大字、嗯，中國！(頁 368)

在這些引文的表現中可以看出其語言由退化到恢復的狀態，初回

故鄉的鳥兒韓原本只能使用單字，聆聽其講話的對象必需自行組織其意義，但後來慢慢變成語言中恢復了口頭禪，獨立的句子也已形成。

　　透過這兩組例子的說明，筆者企圖歸納出一個重點，即：莫言在這些技巧的使用上，雖然不無與主題思想的扣合點，但問題的重點是在於，比起相呼應於主題，作者顯然在此處更重視的是語言文字「本身」的發展狀態的「實驗」。筆者個人的看法是，儘管作者這樣書寫有其合理性、從形式來觀察也因爲莫言是一個位於八〇年代中國改革開放、西方文藝思潮大量引進下的作家而有其影響的時代意義，但以《豐乳肥臀》是在 1994 年[17]創作的背景，此書其實已經不構成具備「實驗」的時機條件，同時這些技巧的運用並未能益增本書主題思想的厚度，所以筆者個人的立場並不認爲這些書寫有其絕對存在的必要。但是，作者若是將這些技巧視爲建構整體小說版圖的一部分，在其他小說中分枝發展這些技巧，則本書的此處的實驗書寫就會因爲有其過渡性或匯歸性而有存在價值。在下一章的〈核心定位論〉中，筆者就會針對莫言《豐乳肥臀》的主題思想及藝術表現與作者其他小說之間的內容及形式的關聯進行論證，除了檢視上述莫言的語言文字實驗的過渡性或匯歸性的假設外，最終進行此書之於莫言所有小說的核心地位的奠定。

---

17 根據莫言的說法，本書創作起始於 1994 年春天。莫言《小說在寫我：莫言演講集》(臺北：麥田出版公司，2004 年 4 月)，頁 54。

第五章　核心定位論

　　在前幾章中，筆者已針對《豐乳肥臀》的重要性提出許多外緣的說明，也藉由作者創作觀的後設基礎，交叉分析此作的主題思想及藝術表現。然而，由於莫言是一位多產的創作者，我們仍必須比較本書之於作者其他的小說[1]究竟應立基於什麼位置，才能在末章綜合歸納及更合理評論此作在莫言當前小說版圖的存在意義與重要程度。

　　在進行與莫言其他作品比較參照之前，筆者必須先設定一個前提，即由於本論文是以研究《豐乳肥臀》為對象，並不是研究作者的所有小說，再加上莫言的小說多為長篇，主題思想仍有其獨立性及複雜度，以本章的篇幅無法對每本小說像本論文第三章及第四章般進行微觀的細評。因此在比較的角度上，並非採用主題學的模式，而是以形式的角度立基。同時，由於並非每一位文學家的創作都有核心，因此在正式討論核心定位前，筆者會先從

1　由於莫言的長篇小說較短篇小說在中國及台灣的出版較一致，及筆者認為以《豐乳肥臀》的長篇形式比較其他的長篇小說，在前提上較具備合理的基礎，因此本章所進行形式比較的對象，是以海峽兩岸均有出版的莫言七部長篇小說：《紅高粱家族》、《酒國》、《食草家族》、《天堂蒜苔之歌》、《十三步》、《檀香刑》及《四十一炮》為主。版本的使用上也主要以台灣出版的作品為參閱對象，詳如參考文獻。

外緣勾勒莫言有自覺的將小說創作系統化的企圖，凡有系統，必定存有交會點或統攝的核心，「核心定位論」的前提才能成立，論證出來的「核心」也才有重要的價值。再在此前提上，以「形式的匯歸與延伸」及「動力的激發與完成」兩項論證進行討論，前者以時空縱深、人物原型、事件活動及藝術手法進行莫言《豐乳肥臀》與作者其他作品的相互比較；後者以動力端檢證作品與作品間能量投入的程度。以期最終證明本部作品之於莫言小說之「核心」代表作的位置。

第一節　核心的前提

　　並不是每一位作家的作品都有核心。核心的存在，代表的是對一個有系統的藝術世界統攝的後設基礎的追求。而作家之所以會對人事物產生系統化的建構欲望，從知識上來看，可追溯自希臘以降，高度心智運作的愛智傳統；從經驗來看，則常來自於欲為身心苦難、不公尋找根本來源的完整解釋；當然也有可能是美學上的、對一切人事物抱持無目的的目的的純粹信念。當然，作家又不同於哲學家，並非從一開始寫作就抱持著系統化的理想，而較多的是在日積月累的創作過程一步一步將其零碎的作品完形成一個博大的藝術世界。其零碎的獨立作品之所以有可能形成更龐大的藝術系統，乃是基於每部獨立的作品間彼此共通的材料、原型等條件始然。所謂的核心作品，就是在這樣的藝術系統的脈絡裡具備最豐富、交集的最多、最具統攝代表性的條件的作品。因此，要證明某位元作家有核心作品，便要先確認該作家有建構

自己的藝術系統世界的傾向。

　　莫言是一位有自覺將其小說世界系統化的作家，同時其建構動機顯然是經驗及美學上的而較不是純粹知識上的。我們可以透過他對於世界一流文學家看齊的心態看出作者欲打造一個文學共和國的嚮往：

> 放眼世界文學史，大凡有獨特風格的作家，都有自己的一個文學共和國。威廉・福克納有他的「約克那帕托法郡」，加西亞・馬奎斯有他的「馬孔多」小鎮，魯迅有他的「魯鎮」，沈從文有他的「邊城」。而這些文學的共和國，無一不是在它們的君主的真正的故鄉基礎上創建起來。[2]

同時，即使先不透過文本閱讀，我們也能夠再藉由其諸多文本所記錄的外緣說法發現他的這種野心。早在一九八八年他以一系列《紅高粱家族》奠定其在中國文壇的重要位置後，莫言在跋文中就說：

> 《紅高粱家族》我真的沒寫好，我很慚愧。好歹我在這本書裡留了很多伏筆，這為我創造了完整地表現這個家族的機會。[3]

---

2 莫言《會唱歌的牆》(臺北：麥田出版公司，2000 年 5 月)，頁 170。
3 莫言《紅高粱家族》(臺北：洪範書店，1988 年 12 月)，頁 497。

《紅高粱家族》已經是一部長篇小說，但是作者仍然認為沒有將其寫完整，可見作者對完整的標準相當之高。爾後，作者又繼續以家族的脈絡及原型深化其小說創作，陸續推出《食草家族》、《豐乳肥臀》等家族長篇小說及其它單篇小說，一步一步深化其複雜性、豐富性及完整性。所以其在《夢境與雜種》的說法，便可以作為其欲將小說世界整體發展、累積成一個系統化的藝術世界的告白：

> 我經常感到自己像一個偷棒子的熊瞎子，忙忙碌碌地不斷地掰棒子，但腋下夾著的始終只有一個棒子。我在不停地創作，但占據我的腦海的，始終是手中正在寫的東西和前面即將要寫的東西。但我畢竟不是熊瞎子，寫過的東西畢竟還有聚攏在一起的機會。[4]

所謂「寫過的東西畢竟還有聚攏在一起的機會」並非胡亂拼湊整合，而是代表作者有意識的要將每部小說中獨立的抽象理念及藝術手法匯歸在一起，從而展示小說家對複雜生命、形式的整體掌握能力；也在作品發展的過程中，積累小說家自我在思想及藝術上的養份及功力。這種理想到了二○○三年的最新長篇《四十一炮》時，作者更談及其終於「貫通」成為一體的說法：

> 他是我的諸多的「兒童視角」小說中的兒童的一個首領，他用語言的獨流沖決了兒童和成人之間的堤壩，也使我的

---

4 莫言《夢境與雜種》(臺北：洪範書店，1994 年 1 月)，頁 1。

所有類型的小說，在這部小說之後，彼此貫通，成為一個整體。[5]

由此可知作者對其藝術世界系統化的發展自覺。

另外，若仔細觀察莫言小說的書名，也可以從中窺出其有自覺發展的系統關聯：《紅高粱家族》、《食草家族》(原名六夢集)都有家族；《酒國》、《天堂蒜苔之歌》都是某一種廣大空間的狀態，可以視為家族空間化的抽象的展延；《懷抱鮮花的女人》、《冰雪美人》都強調女性；《夢境與雜種》與原名六夢集的《食草家族》一樣也可以視作為另一種精神狀態、空間的書寫；至於《紅耳朵》的色彩指涉更與《紅高粱家族》雷同；《檀香刑》又和《天堂蒜苔之歌》一樣有表演性質的指涉和聲音書寫的形式；《四十一炮》、《十三步》等則是以數字的純粹性加上具體的意象來概括最大的內涵，「炮」有放射的意象，「步」有出走的企圖，均容易與其他小說建立關係、發展系統。因此，根據莫言的外緣說法加上這些書名的背景線索，再加上筆者也同時在第三章及第四章的《豐乳肥臀》的文本評析中發現其結構完整的系統佈局，我們已經可以合理的推論，作者對其小說世界的書寫，明顯的帶有建構一個龐大藝術系統的嘗試。也因此，在這樣藝術系統內必有交集的核心之作，當然也有尋找的必要和定位的價值。

---

5 莫言《四十一炮(下)》(臺北：洪範書店，2003 年 7 月)，頁 525-526。

第二節　核心定位論

(一)形式的匯歸與延伸

　　每一部小說作品的構成，不外乎主題及形式，主題的產生與人物、事件有關，形式則是作者藝術手法的選擇，兩者又同時在小說設定的時空背景中彼此含涉。因此進行作品與作品的比較，不外乎以這些項目爲對象。但是，由於本節所欲進行的論述，主要是先證明《豐乳肥臀》之於作者整體藝術版圖「核心位置」的假設，因此在比較的方法上，是以每部作品的形式特質作爲焦點，而不先預設各部作品的主題。而筆者以爲《豐乳肥臀》之於作者其他的小說，在形式上至少有「時空縱深最廣」、「人物原型最多」、「事件活動最密」及「藝術手法最繁」等四項特色，這四項特色不但能呈現此部作品之於它作的差異，其綜合觀之後更能發現《豐乳肥臀》正是作者小說創作版圖上的匯歸與延伸的端點。是構成其核心定位成立的重要條件。以下將分別分析並證明之。

　　《豐乳肥臀》在時間與空間之於其他主要長篇作品的比較概況，整理如下表：

書名\分析項目	時間	空間	備註(出版年)	
			中國[6]	台灣
紅高粱家族	1937-1980年代	高密東北鄉的紅高粱田	1987	1988
酒國	未提及	酒國市	1993	1992
食草家族	未提及	高密東北鄉的夢境	1993	2000
天堂蒜苔之歌	1986 年	天堂縣	1993	1989
十三步	未提及	籠子	未註明	1990
豐乳肥臀	**1900-1993**	高密東北鄉	**1995**	**1996**
檀香刑	清末至民初	高密東北鄉的聲音空間	2001	2001
四十一炮	21 世紀初	五通神廟	2003	2003

　　透過以上整理，我們可以看出：第一，《豐乳肥臀》在時間的長度上，是其所有小說中最長的一部，百年歷史也能概括之前的《紅高粱家族》及《天堂蒜苔之歌》，而後起的《檀香刑》的時間明顯可看出是《豐乳肥臀》往「前」的延伸，《四十一炮》則是往「後」的發展，其意可解讀為《豐》在概括其之前的小說的時間後，又再分別補充與延伸其時間版圖。第二，筆者在〈創作觀論〉中曾提及，莫言小說創作的取材及靈感，主要都是透過東北高密鄉，因此在這些小說的空間設計上，也很容易看出莫言在這方面的具體實踐。但是，雖然好幾部作品都以東北高密鄉為核心，但

---

6 以上備註之中國出版年，是以莫言《豐乳肥臀》(北京：當代世界出版社，2004 年 1 月)所整理之莫言創作年鑑為參考依據，頁 600-601。

並不是每一部作品都完整的呈現該空間狀態，例如在《紅高粱家族》裡，主要是藉由東北高密鄉的高粱田烘托出象徵原始愛情、戰爭的空間、而《食草家族》則是寫東北高密鄉的夢境、《天堂蒜苔之歌》的天堂縣則是東北高密鄉的一個反諷，只有《豐乳肥臀》概括了這些自然的《紅高粱家族》、夢境的《食草家族》及以「天堂」的宗教意象反諷暗示的《天堂蒜苔之歌》等的地理空間特質。而在《豐》之後的空間形態，也明顯的有從《豐》延伸出去的線索，如《檀香刑》的聲音空間，筆者在第四章也論及《豐》也有少部分的聲音書寫、《四十一炮》的五通神廟，可視為宗教空間，也可看作是《豐》中教堂的延伸與進行中國化的轉化，均可看出《豐》在空間上也位於核心的位置。除此之外，特別值得一提的是在《豐》之前的《十三步》，《十三步》是以一個關在籠子裡的敘述者不斷說故事來展開其小說，聽故事的人要餵食其粉筆才能讓他的故事繼續，王德威因此就曾說：「這場奇異的敘述過程，代表莫言思考語言與空間相對關係的極致」[7]。《十三步》是在《豐》之前的創作，因此我們可以從脈絡合理的推論，筆者在第四章〈藝術表現論〉的最後提到莫言的語言實驗，也是莫言有意將其保留部分匯歸到《豐》的設計。所以整體來看，只有《豐乳肥臀》兼有東北高密鄉的時間及空間縱深最廣的特性，也成功的匯歸與延伸他的小說版圖。再加上莫言曾說：「豐乳肥臀比較集中地表現了我的這種文學故鄉全貌」[8]也可作為這種匯歸的外緣佐證。

---

7 王德威《跨世紀風華：當代小說 20 家》，(臺北：麥田出版公司，2002 年 8 月)，頁 255。

8 同註 9：訪談記錄見公共電視「週二不讀書」網站：
http://www.pts.org.tw/~web01/tuesday/index2.htm。

　　第二，從人物來看，《豐乳肥臀》是莫言所有長篇中人物最多的一部，其中「司馬庫」、「母親」和「上官金童」可以視為莫言小說的中心原型。以《豐》之前的代表作《紅高粱家族》為例，「司馬庫」是「我爺爺」、「母親」是「我奶奶」、「上官金童」則是豆官，兩部書的人物形象差異不大，不外乎司馬庫式的民間氣質、英雄的偶然性、母親式的傳統背景蘊釀下的大氣格局和上官金童式的童稚視角和懦弱性格等，但是《豐》比較完整的呈現三個人一生的狀態，而《紅高粱家族》取的較是一個點的集中。另外在《紅高粱家族》中的擁有極高明切割技術的孫五，在《豐》則是孫不言，一樣擁有技藝過人的凌虐能力，只是在《豐》中，他的人生得以延長，使我們可以看到一個人將中性的技藝往殘忍的方向發展的過程。在《豐》之後的《檀香刑》的「知縣老爺」則可以看作《豐》中唯一的男性知識分子「魯立人」的延伸，這當中存在一點微妙的發展：在《豐》之前甚至是《豐》本身，對知識分子的書寫不但都相當少，而且好感也普遍不高，最多就是像《豐》的魯立人呈現過知識分子良心發現的片段(此片段即是奉命處死司馬鳳及司馬凰，連扮演相對的反方的魯立人都覺得為難)，但到了《檀香刑》，莫言可能已經意識到純粹民間性也會衍生許多困限、民粹也有其危機，肯定或至少不排斥知識分子、菁英階層存在是有其必要的，因此將結尾的篇章透過這位「知縣老爺錢丁」來呈現。其語言相對於過去小說的華麗也漸趨於中性，甚至降低了原有小說中對知識分子的忽略及嘲笑諷刺。因此可以說，這種轉折的發生，是在《豐》中就有跡可循的。除了以上文本形式比

較的證據，以《豐》本身來看，其人物也不是每一個角色都得到平均發展的機會，有些因為戰爭、鬥爭、飢餓、自殺及傳奇死亡的角色都是還可以再延伸補充書寫的對象，也可將其視為在莫言整體小說版圖的「伏筆」。由此可知，沒有一部小說像《豐乳肥臀》一般，在人物原型上兼有繼承過往與延伸厚度的功能，也沒有一部小說像其一樣有如此多的人物佈局，因此不論在質或是量上，《豐乳肥臀》之於作者的小說版圖，都可以說是位於核心的位置。

第三，就事件活動上來說，莫言的小說的狀態都與戰爭、飢餓、鬥爭、官方與民間的對立、民間習俗儀式有關，而一樣只有《豐乳肥臀》同時概括這些所有的狀況，同時以非常有密度的組織出現。這當然跟《豐》的時空縱深度是有關的，但若仔細比較與其他小說的狀態，也可看出《豐》的匯歸意義。《紅高粱家族》主要事件是抗日戰爭、《酒國》是貪污與腐敗、《食草家族》是飢餓、《天堂蒜苔之歌》是官逼民反的故事，這些原形都被莫言組織進入《豐乳肥臀》，而在《豐》之後的《檀香刑》則是搭配抗「德」故事，明顯是補充《豐》1900之前曾寫到部分的抗德歷史，也是《豐》的延伸。因此讀一部《豐》，可以看到莫言小說各種天災與人禍的狀態，比較值得注意的是，莫言在包括《豐》之前的小說，其事件活動，往往都有很強烈的民間悲情色彩，例如《紅高粱家族》「我奶奶」被槍擊射死、《天堂蒜苔之歌》民間被官方壓迫、《酒國》裡「酒國」腐敗殘忍到吃紅燒嬰兒等亂象，都顯示民間社會可憐、可悲的一面。但有趣的是，莫言在《豐》之後，似乎有意的自我終結這種對於悲情的耽溺，轉而以較為中性的語言呈現這

些事件而較不帶著先入為主的悲情及批判,例如在《檀香刑》中,同樣是殘忍的殺人事件,但莫言的立場已經轉向讓每個角色依其社會功能各司其職,所以《檀香刑》內的劊子手雖然無所謂道德危機,只是社會脈絡裡的一項工具,但為了表示他們對於被政府處死的罪犯的內心敬意,他們以將行刑技藝發揚到極致的手段與精神,來達到讓犯人死的痛快、死的華麗而莊嚴的目的,轉而讓事件活動的情緒性投注在歌謠形式的「貓腔」中以渲染氛圍,讓「殘忍」本身的表現被記錄與流傳,間接性的使這些歷史不被遺忘。莫言小說中這種由事件的「內容」到強調事件表現「形式」的轉化,可以說是作者在《豐》之後,已經更有自覺的希望脫離悲情與批判先行的色彩,而更重視藝術形式本身,所以在最新的《四十一炮》中,作者更提出:「訴說就是目的,訴說就是主題,訴說就是思想。訴說的目的就是訴說。如果非要給這部小說確定一個故事,那麼,這個故事就是一個少年滔滔不絕地講故事。」[9]莫言此言似乎有點要像普魯斯特的《追憶似水年華》[10]的寫法看齊,對藝術究竟到底是進步還是退步不是本文能夠承載的討論,但明顯的可以看出,莫言在寫完《豐乳肥臀》後,對作者而言,已經是完成人生與著作的一個重大里程碑,所以才能在後面產生那麼明顯的轉向,由這一點,我們便可以推知,《豐乳肥臀》之於

---

9 莫言《四十一炮(下)》(臺北:洪範書店,2003 年 7 月),頁 525。

10 莫言曾經提到他對普魯斯特的理解:「普魯斯特認為小說是尋找逝去時間的工具—他的確也用這工具尋找到了逝去的時間,並把它物化在文字的海洋裡。」莫言《會唱歌的牆》,(臺北:麥田出版,2000 年 5 月),頁 164。而莫言寫《四十一炮》時也說:「本書的作者,企圖用寫作挽住時間的車輪」,同上,頁 524。兩者都提到了「時間」,可見莫言有意向普魯斯特看齊。

莫言小說，也同樣具備核心位置的條件。

　　第四，就藝術表現來看，《豐乳肥臀》之於莫言小說，也是藝術技巧用的最複雜、最頻繁的一部。它匯歸了《紅高粱家族》的感官書寫、少部分的魔幻寫實技巧；《酒國》的雙線敘事模式；《天堂蒜苔之歌》的歌謠情調；《十三步》裡對語言文字的後設實驗；《食草家族》的夢境幻想。這種繼承對本部作品的藝術價值的是優是劣，筆者會在末章進行總評時判斷。這邊所要強調的是，這些匯歸的模式，跟前幾端一樣，都證明著《豐》的核心傾向。另一方面，在《豐》之後小說藝術，一樣也有著特殊的轉向，莫言在《檀香刑》的語言，不但有意識的降低過去刻意的感官書寫和受到西方影響的魔幻寫實，還更強化純粹從中國出發的區域情調，所言莫言才在《檀香刑》文後說：

　　　　民間說唱藝術，曾經是小說的基礎。在小說這個原本是民
　　　　間的俗藝漸漸地成為廟堂裡的雅言的今天，在對西方文學
　　　　的借鑒壓倒了對民間文學的繼承的今天，《檀香刑》大概是
　　　　一本不合時尚的書。《檀香刑》是我的創作過程中的一次有
　　　　意識地大踏步撤退，可惜我撤退得還不夠到位。[11]

同時，若仔細讀《檀香刑》會發現，這部書不論就結構或語言上都較《豐乳肥臀》容易入手，甚至其敘述脈絡在目錄中就已經給

11　莫言《檀香刑》，(臺北：麥田出版公司，2001 年 4 月)，頁 473。

了足夠的提示，也具備更中國氣質的設計[12]，不若《豐》繁複的
層層疊合的佈局。代表莫言有意識的修正自己刻意強調技巧的敘
述策略，有往乾淨、簡明的模式發展的傾向。而在《四十一炮》
的藝術語言也呈現類似的轉向，不若過去的濃艷風格，轉爲較爲
澄淨的路線，這些都是《豐乳肥臀》完成後才陸續出現的現象，
因此我們可以推知，此作之於莫言，代表已經完成過往對各種藝
術形式、技巧迷戀的實踐。而此後若再重複，對像莫言一個有自
覺的藝術家來說，就很明顯的不能容忍的缺失了，由此可間接證
明《豐乳肥臀》的核心地位。

　　總括來說，《豐乳肥臀》之於莫言其他長篇，不但時空縱深最
廣、人物原型最多、事件活動最密，也是藝術手法最繁之作，它
代表作者在其長篇前後的匯歸與延伸的端點，從整體形式版圖上
來看，已經可以合理證明其核心位置的命題。

(二)動力的激發與完成

　　亞里斯多德四因說認爲，任何一項人事物之所以會存在，絕
對有形式、材料、動力及目的的四項因素。對任何一位藝術家而言，
即使有極佳的材料、極難得的形式創新及掌控的才情，但若欠缺
動力，則不可能會有任何作品、也就是目的能夠完成。所以爲一

---

12 在《檀香刑》中，作者分別以「鳳頭、豬肚、豹尾」的形式來設計其結構，
　　人物也以媚娘、趙甲、小甲、錢丁等命名　，可以看出作者有意識回歸純
　　粹中國路線、降低西方影響的書寫。

位元作家的核心作品進行定位，筆者以為還可以觀察：在作家的所有作品中，究竟那一部作品最能完整反應作者的動力來進行探究。

　　儘管人的動力很難透過外在的實例來證明。但對莫言來說，其母親無疑是他創作上的最大動力。筆者曾在〈創作觀論〉中提到，母親是他小說創作的女性原型，如果母親不存在，莫言小說世界的女性大概都不能存在，而女性如果不存在，莫言的小說也根本不可能發展。而這些女性的特質，都多多少少有莫言母親或母親想像的投射。

　　在莫言的所有長篇小說中，《豐乳肥臀》是莫言獻給其母親的作品，代表其母親是激發與完成他的此部作品的背後動力，這部作品也是作者最具體而完整呈現一位女性從年輕到年老一生命運的著作。其不但是莫言小說版圖中所有角色最長壽的一位，也是莫言所有作品中「母親」與「兒子」相處的時間最長久的一部，代表該作是作者在想像的世界重構與重溫與母親共處的時光。而在其他的小說中，《紅高粱家族》裡「我奶奶」，很年輕就在一場戰爭中被擊中而死去、其餘長篇雖然多多少少有書寫到女性，但焦點都不集中，而之後的《檀香刑》的「媚娘」的形式雖然也有某部分母親的影子，但因其歷史時空視域也不長，僅僅在清末到民初的抗德階段，所以也構不成其母親作為動力完成的強度；至於《天堂蒜苔之歌》的寫作動力，則完全是出自於一時的激情[13]、

13　《天堂蒜苔之歌》的創作，是莫言根據中國現實社會中實際發生的「蒜苔

《檀香刑》則是受到故鄉聲音的刺激[14]、《四十一炮》是爲了挽住時間的車輪[15]，這些線索都不足以代表能夠貫穿作者小說版圖的動力，所以從其整體作品來看，只有《豐乳肥臀》是作者大規模的將其動力因數集中起來的實踐與完成，並且以母親作爲統攝的核心，才讓其藝術世界不致碎亂，從而成就了作者藝術世界的完整。

而爲什麼這種動力因的完成對莫言來說非常重要呢？大凡一個作家創作，或因爲理想、或因爲性格、或因爲創傷、或因爲救贖、或因爲功利、或因爲鼓勵、甚至或因爲報復……無論那一種創作動機，一旦作者在承受了這樣的動力盡情發展至極後，往往就代表其某一個階段里程碑的終結。因爲弔詭的是：作者再也不能希望再透過某種未治療完成的創傷或不足來作爲其創作的動力，也就是說，作者必須在這種動力的完結後，另外尋找、或開發另一種更有力的創作泉源。在莫言《豐乳肥臀》及其之前的作品，作者都一再的示範了這種兼具傳統但又顛覆傳統的有性格女

事件」的不滿之作。表達作者對農民的同情，僅花了三十五天就完成，所以筆者說是激情之作。而莫言又說：「在新的世紀裡，但願再也沒有這樣的事件刺激著我寫出這樣的小說」。莫言《天堂蒜苔之歌》，(北京：當代世界出版社，2004 年 1 月)頁 2。也由此可反證此動力不足夠成長遠發展的力量。

14　《檀香刑》寫的是聲音，是莫言對其故鄉民間戲曲「貓腔」的重塑再現。這種「聲音」是否能夠成莫言未來創作的長遠動力，還有待追蹤未來發展。

15　《四十一炮》寫的是一個已經長大，但精神還停留在孩子的敘述者不停在說故事的小說，其動力根據作者的說法，是「企圖用寫作挽住時間的車輪」，莫言《四十一炮(下)》(臺北：洪範書店，2003 年 7 月)，頁 524。這種企圖看齊普魯斯特的寫作模式，能夠讓作者的動力持續多久，顯然也是還有待追蹤未來發展。

性的許多側面，這種不斷強調女性、書寫母者的儀式化行為，已經在《豐》中得到動力的充分實踐與完成。所以聯結前小節所提到的在《豐》之後小說的狀態，才有可能再次反證其轉型的跡象。也等於更加證明《豐乳肥臀》位於莫言所有小說的核心地位。莫言此後能不能再創一次創作高峰、甚至出現取代《豐乳肥臀》的地位之作，筆者以為，將會視其能否再找到、開發或自創一套全新的動力泉源讓他獲得類似新生的力量，因此，在期待更新的作品來到前，《豐乳肥臀》仍然是作者目前為止，完成其動力密度最高的一部。故為核心之作。

第六章 結 論

　　本章根據以上諸章論証，歸納並提出結論。共分三節。第一節以第二章〈創作觀論〉爲基礎，分別對照以分析莫言創作觀中的取材、立場、終極關懷及藝術表現在《豐乳肥臀》的實踐與侷限。第二節提出文學、文學史兩端價值的判斷及缺失評議。第三節呼應第五章〈核心定位論〉的強調，說明莫言小說有值得再繼續整體研究的潛力與展望，在強調回歸純文本研究的基礎下，亦回應當代跨藝術整合方法及資訊科技媒介轉換的必要性，提出六項方向作爲研究莫言及其整體小說作品的未來展望。

第一節　創作觀的實踐與侷限

　　權衡全書，莫言的創作觀在《豐乳肥臀》的書寫上大致能具體實踐。但其優點主要集中在對「生命的本質」的終極關懷及「雜種的藝術」的落實上，而侷限則較反映於「故鄉的養份」的取材及「人民的立場」的寫作立場中。首先，在終極關懷裡，莫言在本書所展現出來的對人性幽微、正反善惡、高貴猥瑣、物質精神的辯證、獸性人性等混沌現象，可以說是對小說人物在追尋與扭曲的過程中的「人性共相」的揭露與關注；在「歷史的想像」的

主題上，也與其對歷史上所謂英雄、正義、理想等反思的創作觀相符；而作者對女性個性的解放、情慾的自主的關注，亦同時具體的反射在歷史的想像中的子題：「女性主體的歷史想像」及「情慾的深化」的主題中。由此可以歸納，在主題上，莫言的創作觀大致能與其終極關懷相符。而在藝術表現的實踐上，莫言「雜種的藝術」的創作觀兼有西方文學、多元、區域特色、生命形式之「雜」的特色，也都可以在《豐乳肥臀》發現印證的軌跡，其複合式疊合情結結構、意象結構、敘述視角結構的表現，語言文字中兼具感官意象、魔幻寫實、民間俚俗甚至語言技巧的實驗等都可以看出是對「雜種的藝術」的觀念的落實。

　　然而，另一方面，莫言的創作觀本身也有其些微侷限，對其創作實踐稍有遺憾。在取材上，作者雖將東北高密鄉視為其原始材料、靈感來源及重塑基礎的母土，但莫言最善長的部分，主要在「人」，顯然跟作者實際生命經驗的接觸深度及情感的投入厚度有關，但是在「事物」上，除了筆者在第二章〈創作觀論〉第一節所言及的民間儀式及大自然外，有時難免出現勉強或流於生硬的書寫，特別是小說後半段進入資本主義社會的消費書寫，鋪陳該時代的金錢、金權、名牌的意識及概念，都以極盡誇張的筆法延展，例如：

> 一個標著油光光的大背頭、手脖上帶著一塊故意把鏈子弄得吊兒郎當的名貴勞力士金錶的、據老金介紹好像是委員會主任的中年男子。(頁448)
> 等他醒過來時，看到自己光著身子躺在老金的大炕上，老

金也光著身子，倚著被子，端著葡萄酒杯，正在看一盤錄
像。這是上官金童第一次到彩色電視。(頁 449)

他穿著熨帖平整的義大利西裝，紮著繡花的鱷魚牌絲綢領
帶，披著一件斯普法內最新駝色毛嗶嘰風衣，頭上俏皮地
斜戴著一頂夢巴黎咖色無檐小帽，雙手卡腰。(頁 450)

新任的「東方類中心」公關部經理上官金童，被耿蓮蓮送
到桑那浴中心洗了十天桑拿浴，接受了泰國女郎的按摩，
又去美容美髮中心做了十次面部按摩和麵膜護理。……撒
了一身夏奈爾香水，全派了一個小姐專門料理他的生活起
居。(頁 459)

上官金童躺在豪華席夢思床上。(頁 459)

耿蓮蓮披著一備牛潔白的睡衣，抽著摩爾香煙，端著高腳
葡萄酒杯，床頭擺著春藥瓶子，足蹬一雙繡花拖鞋，扮演
紀瓊枝紀市長。(頁 462)

在這些文字中，高密度地出現各種品牌概念的名稱(勞力士金錶、
義大利西裝、鱷魚牌領帶、泰國桑那浴、夏奈爾香水、席夢思名
床……等)，莫言似乎有一種預設，認為名牌本身代表的就是金權
與腐敗的象徵，筆者不否認這種資本主義所帶來的負面性，但要
說明的是，莫言這種形容方式，雖然有達到對該時代嘲諷的目的，
但與此作前半部在理解事物時，同時對好壞、優劣、正反、善惡、
美醜的複雜性並存的寫法比較，無疑的也透顯作者在掌握「當代」
事物的現象理解有過於平面之嫌。嚴格來說，其實無論是「過去」
或「現在」，「傳統」、「現代」或「當代」的各種社會狀況如名牌、

金錢、權勢都可能同時存在各種複雜性，到了小說後半段的「當代」亦然。莫言在小說前半部，尤其是改革前後都很自覺的注意到這方面的表現，但愈往小說後方其一致性就略有不能貫徹之感。不過，莫言自己也意識到《豐乳肥臀》沒有寫充分[1]，對於自己的缺失顯然也有注意到的自覺。

　　而在立場的選擇上，莫言雖然以人民為出發點，也盡量期望自己避免固著在某種特定的人民視域，但在前幾章論證中，筆者還是發現，《豐乳肥臀》雖然成功的傳達出民間的狀態與氛圍，但對知識分子的書寫確實也過於薄弱，僅有魯立人一位。事實上，民間鄉土和知識分子不應該是對立的概念，知識分子也常是在鄉土長大，而鄉土的定義也隨時代而流變，人人都應該可以是廣義下的民間人物，都是老百姓的一份子。所以，書寫民間鄉土跟作品並不一定要排斥知識分子的參與及建構，即使是在主題上強調野性的《豐乳肥臀》也是如此。莫言的長篇小說人物有時會有形象類似、無法成長、或成長的「結果」及「下場」雷同的現象，除了作者刻意塑造出來的童年視角擁有合理的理由外，其深層的原因，很可能就是緣於作者鮮於在民間「之外」的人物形象進行更深入的取經與理解使然。莫言既然身處這個世代，就不能避免的也要帶領他筆下的人物一起成長、避免固著，作者仍然可以保有他的民間理想，但如何在創作中顯示更大的包容能力，並以藝術化的方式呈現出來，顯然是身為一位優秀的小說家應有自覺的

1　莫言曾在專訪時提到：「《豐乳肥臀》，我原來應該給它再擴張三十萬字才好，現在是五十萬字，很多地方都沒有寫充分」。見：公共電視「週二不讀書」網站：http://www.pts.org.tw/~web01/tuesday/index2.htm。

未來發展。

第二節　價值判斷與缺失評議

　　最後，以下將針對此作的優缺點提出筆者個人的看法以為價值判斷。由於本論文是以純文學為核心標準進行分析暨評論，故以「文學」與「文學史」兩端進行價值判斷的說明。在缺失的部分，筆者亦將提出個人的評議說，以求達到相對客觀合理的目的。

(一)價值判斷

　　首先，就作品本身而言，筆者認為《豐乳肥臀》有兩項最有價值之處。第一，在主題上展現了大幅度的拓寬與深化；第二，在藝術上示範出高度複雜的有機整合。在本論文第三章中，筆者曾分析出五種人物類型的邊緣追尋與扭曲的歷程、二項主體的歷史想像、及與靈性、自戀、救贖、非理性等情慾相關的子題。這些拓寬與深化，說明莫言靠的不只是創作的激情與才情，更重要的是作者兼有對豐富生命經驗的累積歷練與抽象觀念的掌控能力，才能修練出對於生命各種可能性的同情理解、具備歷史意識的時空想像及對慾望的重要性及虛妄性等特質的知覺能力。在中國現當代文學史上，並不是不存在這些主題，可是鮮少有作品達

到像《豐乳肥臀》將各種不同子題與主題有機並存並予以高度概括的程度。同時，藉由這些主題的有機並存，讀者得以經驗一種人類與萬物建立起聯繫的模式，進而在深化理解各種生命中的不堪與困境後，產生一種坦然、自信而平實的接受信念。這雖然是非常古典的、亞里斯多德式的理想，但是在面對中國大陸改革開放、世界多元但同時也在某種程度上喪失理想性的時代，《豐乳肥臀》對各主題深化、聯繫的整合性，展現了一個作家對人類深層的認識的深度及面對現實的力量。

第二，《豐乳肥臀》在藝術上示範出高度複雜的整合能力。從結構面來看，莫言不但在有機的將情節結構、意象結構與敘述結構等進行整合，同時還與主題思想多所呼應，使此部高達五十萬字的長篇小說，能夠在架構完整且穩定的後設機制下擴充它的內涵，同時，這種對結構有機的美學要求，跟其作品內涵的解構意識形成辯證關係，在這種一方面建構一方面解消的過程，更使其作品產生奇妙的悲觀與積極的並存效應，這本身就是一種人世的普遍性。而在語言文字上，莫言的感官意象、魔幻寫實、民間俚俗中的滲透、點綴、氛圍書寫，也因多與主題思想有所交集而證實其有機。其語言文字本身，以含涉華麗的正面想像與負面想像的美感與嫌惡，鮮活的再現情感中麻木、痛感、冷淡、激情等幽微感受。終使本部小說的藝術，到達一定的複雜、密度、精準的程度，絕不是一般作家容易完成的成績。

而若將此部小說放進中國當代文學史的脈絡來看，我們發

現，無論用尋根、先鋒、新歷史小說等概念，都不能完全化約莫言的《豐乳肥臀》。這說明一部豐富性的作品，具備超越流派、概念的品質。也可以說，莫言的作品，既有尋根、也是先鋒、也具備新歷史小說的特質，它可以說是爲三組流派與概念的集合大成，標示出這些流派、概念所能達到的高度。也在某種程度上加深了文壇上另一波所謂新寫實小說客觀的、小我回歸的轉向，因爲主觀的、大規模的書寫已實踐到一個階段，才會出現典律的替換，以《豐乳肥臀》的規模，我們可以合理的說它在此段文學史的脈絡中具有承先啓後的重要位置。[2]

　　最後，誠如筆者莫言在第五章〈核心定位論〉所云，《豐乳肥臀》之於作者的其他作品，具有「時空縱深最廣」、「人物原型最多」、「事件活動最密」及「藝術手法最繁」等特質，這些特質若印象式的與當代中國大陸其他長篇或中篇，如陳忠實《白鹿原》、王安憶《長恨歌》、余華《活著》、《許三觀賣血記》，甚至是稍早的張賢亮《綠化樹》、《男人的另一半是女人》、阿城的《樹王‧棋王‧孩子王》來比較，也將會呈現本部作品能夠與當代重要作品並駕齊驅的地位。

---

2 筆者在此所作的承先啓後的判斷，是一種概括性的推論，因爲文學典律的流變，其實還存在著各種更複雜的條件生成，若要更客觀的呈現，需要另一份完整的、包含歷史、社會、及大規模的文本評論後的交叉檢證，在此結論中，實難以承載，但仍希望保留來日能採用更客觀的論述補充的機會。特此說明。

(二)缺失評議

　　儘管《豐乳肥臀》的優點彰顯了它的價值，但筆者認爲本部小說仍存在著兩項可議之處。第一，《豐乳肥臀》的人物狀態掌握未至全面。筆者在〈主題思想論〉中曾論及，莫言所企圖呈現的主題之一，是要表現不同人物類型在邊緣的追尋過程及其扭曲狀態，但是我們可以發現，莫言筆下所書寫的人物，常常帶有極強烈的悲觀、悲情色彩，並非悲觀不宜表現，而是大部分的角色都以悲觀或悲情呈現或作收，並不合理。既使在一個充滿困境的環境或時代，比較合理的書寫應該還是會存在一些自覺或不自覺的樂觀或較澄淨、甚至是完全旁觀冷淡的主要人物，如果這些人物都同時存在這部小說，我們便可以更抽樣的看到在一個大時代下不同的個體對時代的回應方式，將會更具普遍性。而筆者認爲在莫言的小說之所以沒有這樣的人物，是緣於莫言其實是一個主觀的小說家，他雖然有理解現實的敏感度，但是他會偏向以個人的感情來選擇材料，並讓它們表現出主觀下的特色。當然，事實上以莫言的能力和個性並不適合作一個客觀寫實小說家，他很自覺的選擇自己主觀的優點向外發展也是明智的。但以他的取材和影射的企圖，著實證明他是一個在主觀下仍關懷社會、注重現實反映的小說創作者。莫言的真正問題是，他其實已經自覺到自己的主觀性格對作品的影響，但是有時不能有效節制與自我終結，使作品控制在主觀但能平衡發展的狀態，使他的作品不容易出現更

淡然或更平實等也具備普遍性特質的人物。儘管這種情況到了《豐乳肥臀》之後的《檀香刑》已有改善，但莫言如果能再勇於自我面對一些、將藝術距離再擴寬一些，無待於強調自我悲情、救贖甚至是耽溺的需要，以莫言的才情和氣度，將能夠創作更好、更具代表性的作品。

第二，藝術表現部分有失莊重而流於戲謔。莫言在這部小說中，其實要傳達與表現的都是很嚴肅的主題。無論就是人性、歷史還是情慾而言都是如此。但是作者有時候爲了要顧及其「民間」的特質，常帶有一種假設，就是認爲民間、鄉土一定要與粗野有關，不可否認，粗野可能是民間鄉土的重要特質之一，但並非全部。在〈藝術表現論〉中，筆者就曾經論及其感官「觸覺」的書寫，有過當之嫌，作者當然可以馳騁他的想像，認爲「摸乳」是一個必要的民間儀式，可是必須提供予我們足夠的細節支撐它，但是莫言在該章的書寫，其心態是近乎戲謔的、自得其樂在享受「摸乳」的行爲，而無法與全書的內涵或結構延伸更深化的意義，所以確實是敗筆。另外，筆者在〈核心定位論〉中也提到，莫言幾乎將他在《豐乳肥臀》之前的小說形式都抽象的概括進入此部書中，如果這些形式都能與此部書的主題思想發生關係，還是可接受的，但是實情並非如此，因此常常造成本部小說爲了將這些形式安插入小說，而產生不必要的內容。若能將這些內容重予調整，本書將更爲完整，也更有價值。

綜上所述，雖然《豐乳肥臀》有部分瑕疵，但以其作品本身

及在文學史上的優點及重要性，我們相信，這部小說在未來，仍然會有流傳的意義與價值。

第三節　未來展望與延伸進路

在〈核心定位論〉中，相信筆者已經盡量證明，莫言是一個非常認真對待小說、有自覺的給予小說獨立生命及欲建立小說系統版圖的創作者。同時，從經驗、歷練、才情，甚至到一定的知識，作者都基本具備可以建構他理想世界的條件，儘管不是不無侷限。這樣的創作精神及龐大的藝術版圖實在具有學術上繼續深化延伸的研究價值。

目前中國當代文學史對莫言的評論及肯定，主要集中在他早期〈紅高粱〉的成就，鮮少論及其全體小說的價值。其實，任何嚴肅的文學史的建構，都必需先建立在完整而豐富的作者研究及文本研究上，選擇性的角度閱讀，雖然有助於奠定個別評論家的風格和立場，但對於讀者完整理解一個作家及其作品卻難免偏狹。所以我們有必要補充這種研究的缺憾現象，對作家整體的作品進行嚴肅而完整的評估；同時，由於我們所身處的是一個全面資訊化的時代，文學研究者、批評家也不能忽視在這個資訊化時代中跨藝術的方法詮釋與媒介的轉換建構。因此，筆者理想中的進階研究計劃，就是欲以完整的莫言作品為研究對象，整合新批評的細讀精神，適度文化研究、比較文學、跨藝術的分析方法，

對莫言作品提出完整的詮釋及評論，並在回應資訊時代媒介轉換的必要性下，將論文轉以數位網站的媒介方式呈現。本展望若能落實，可以視爲一種有效拉近傳統文學研究者對科技應用於文學藝術距離的方式，從而以正面積極精神回應身處世代，進而證明純文本研究並不與資訊科技對立，媒介轉換亦能輔助理解並兼存美感。

　　以下以莫言整體小說爲研究對象，嘗試建構的具體而微的延伸進路：

第一、莫言小說的主題思想論：從文學、歷史及社會等多種角度論述與詮釋莫言小說的各種主題涵意、並討論它們在《豐乳肥臀》的核心定位下的匯歸與延伸模式及其內在轉換意義，同時檢視這些主題在當代文學史脈絡下的特色傾向。

第二、莫言小說的藝術表現論：發現與分析莫言小說的各種常見藝術表現形式，亦討論它們如何在《豐乳肥臀》的核心定位下的匯歸與延伸模式，進而找出莫言藝術發展、轉向的軌跡並預測其未來變化發展傾向。

第三、莫言小說的影響論：針對目前印象評點莫言小說所受到馬奎斯《百年孤寂》及福克納《聲音與憤怒》影響的說法提出嚴格意義下的影響論追溯。從外緣到本文，以比較文學的方法交叉檢證莫言究竟那部分受影響、評估其影響的程度並討論莫言脫離影響的軌跡。

第四、莫言的性格論：在本部論文中，筆者已經略有嗅出，莫言性格裡的矛盾與擺盪特質。因此進階延伸將透過各種外緣

資料、文本的內容及形式和其轉換，深入探討作家生命經
驗裡的心靈受創、愛戀原型及自尊建立過程，並在類比史
上重要藝術家的類似經驗，評論它們對一位作家的正面與
負面價值與影響。

第五、莫言小說的跨藝術特質：以互文理論討論莫言小說中的繪
畫性及音樂性，討論莫言小說中的繪畫色彩、聲音的內在
邏輯，大膽假設並類比它們與西方文藝復興時代的藝術特
色的相同與相異，進而詮釋莫言對藝術的深層思考。

第六、莫言小說的網站建構：嘗試建構一個以形式模式[3]出發的莫
言小說的網站。將筆者在論文中所使用的後設方法及文本
本身的藝術表現(如結構、色彩、聲音)轉換爲純資訊形式，
再在其上置入內容，引導網站讀者自發性注意到網站形式
與內容之間的關係，也就是小說形式與內容的關係，使讀
者容易建立「整體性」的思維方式，並理解小說各部分與
整體的聯結。並以網頁的超連結特性，保持讀者自行選擇
的部分「接受」模式，在每一個片段都是一個整體的一部
分的前提下，營造一種具備引導與暗示效果的文學網站。

---

3 以形式轉換出發並非代表筆者是個形式主義者。而是筆者認爲，網站建構
的後設邏輯跟文學的後設原理有很高的雷同處，因此一位欲掌握數位資訊
化的當代文學研究者由形式出發，是一種比較不會忽視文學藝術本身的建
構方法。同時未來筆者亦會參考目前海內外數位文學研究的後設建構模式
的文獻，如《第一屆文學與資訊學術研討會》會議資料(臺北：臺北大學，
2002 年 10 月)、羅鳳珠主編《語言，文學與資訊》(臺北：國立清華大學出
版社，2004 年 3 月)、《第二屆語言學卓越營—語料庫與計算語言學》講義(臺
北：中央研究院語言學研究所，2004 年 7 月)、及其它國外許多網站在藝術
科技整合的相關文獻網站資源以爲參照。

參 考 文 獻

（除分類外，另按出版年月先後排列）

一、文　本

（一）小説作品

1. 莫言《紅高粱家族》，（臺北：洪範書店），1988 年 12 月。

2. 莫言《透明的紅蘿蔔》，（臺北：林白出版社），1989 年 4 月。

3. 莫言《豐乳肥臀（上）》，（臺北：洪範書店），1996 年 5 月。

4. 莫言《豐乳肥臀（下）》，（臺北：洪範書店），1996 年 5 月。

5. 莫言《酒國》，（臺北：洪範書店），1992 年 9 月。

6. 莫言《懷抱鮮花的女人》（臺北：洪範書店），1993 年 2 月。

7. 莫言《夢境與雜種》，（臺北，洪範書店），1994 年 2 月。

8. 莫言《紅耳朵》，（臺北：麥田出版公司），1998 年 10 月。

9. 莫言《傳奇莫言》，（臺北：聯合文學出版社），1998 年 11 月。

10. 莫言《食草家族》，（臺北：麥田出版公司），2000 年 11 月。

11. 莫言《檀香刑》，（臺北：麥田出版公司），2001 年 4 月。

12. 莫言《白棉花》，（臺北：麥田出版公司），2001 年 5 月。

13. 西西編《紅高粱》，（臺北：洪範書店），2001 年 12 月。

14. 莫言《冰雪美人》，（臺北：麥田出版公司），2002 年 8 月。

15. 莫言《紅高粱的孩子》，（臺北：時報文化出版社），2002 年 10 月。

16．莫言《十三步》，（臺北：洪範書店），2002 年 10 月。

17．莫言《四十一炮》上，（臺北：洪範書店），2003 年 7 月。

18．莫言《四十一炮》下，（臺北：洪範書店），2003 年 7 月。

19．莫言《豐乳肥臀》（北京：當代世界出版社），2004 年 1 月。

20．莫言《天堂蒜苔之歌》（北京：當代世界出版社），2004 年 1 月。

（二）散文作品、演講錄

1．莫言《會唱歌的牆》，（臺北：麥田出版公司），2000 年 5 月。

2．莫言《莫言散文》，（杭州：浙江文藝出版社），2002 年 10 月。

3．莫言《北京秋天下午的我》，（臺北：一方出版公司），2003 年 5 月。

4．莫言《小說的氣味》，（瀋陽：春風文藝出版社），2003 年 8 月。

5．莫言《小說在寫我：莫言演講集》，（臺北：麥田出版公司），2004 年 4 月。

（三）、Mo Yan' s Works Translated into English

1．Mo Yan ． *Explosion and Other Stories*, Tr ． Janice Wickeri and Duncun Hewitt ． Hong Kong: Chinese University Press, 1991 ．

2．Mo Yan ． *Red Sorghum* ． Tr ． Howard Goldblatt ． New York: Viking,1993 ．

3．Mo Yan ． *Shifu, You 'll Do Anything for a Laugh* ． New York: Arcade,2002 ．

4．Mo Yan ． *Big Breast & Wide Hips* ． Tr ． Howard Goldblatt ． New

York: Arcade, 2004．

二、文學史

1. 衛姆塞特、布魯克斯合著，顏元叔譯《西洋文學批評史》，（臺北：志文出版社），1972 年 1 月。

2. 葉石濤《台灣文學史綱》，（高雄：春暉出版社），1987 年 2 月。

3. 夏志清《中國現代小說史》，（臺北：傳紀文學出版社），1991 年 11 月。

4. 司馬長風《中國新文學史》上、下，（臺北：傳記文學出版社），1991 年 12 月。

5. 皮述民等《二十世紀中國新文學史》，（臺北：駱駝出版社），1997 年 8 月。

6. 丁亞平《中國現代文學批評史論》，（臺北：幼獅文化事業公司），1998 年 6 月。

7. 仲崇親《台灣史略》，（臺北：商鼎文化公司），1999 年 3 月。

8. 古遠清《中國大陸當代文學理論批評史》上、下，（臺北：文史哲出版社），1999 年 4 月。

9. 洪子誠《中國當代文學史》，（北京：北京大學出版社），1999 年 8 月。

10. 陳思和主編《中國當代文學史教程》，（上海：復旦大學出版社），1999 年 9 月。

11. 金漢《中國當代小說藝術演變史》，（浙江：浙江大學出版社），2000 年 4 月。

12. 錢理群、溫儒敏、吳福輝《中國現代文學三十年》,（臺北：五南圖書出版公司）,2002 年 2 月。

13. 趙遐秋、呂正惠《台灣新文學思潮史綱》,（臺北：人間出版社）,2002 年 6 月。

14. 陳貴山主編《中國當代文藝思潮》,（北京：中國人民大學出版社）,2002 年 6 月。

15. 張鍾等編著《中國當代文學概觀》,（北京：北京大學出版社）,2002 年 4 月。

16. 洪子城《問題與方法：中國當代文學史研究講稿》,（北京：三聯書店）,2002 年 8 月。

17. 金漢主編《中國當代文學發展史》,（上海：上海文藝出版社）,2002 年 9 月。

18. 溫儒敏《中國現代文學批評史》,（北京：北京大學出版社）,2003 年 6 月。

三、文學理論

1. 威廉原著,張志澄編譯《短篇小說作法研究》,（臺北：台灣商務印書館）,1965 年 11 月。

2. 李辰冬《文學新論》,（臺北：東大圖書公司）,1975 年 8 月。

3. 韋勒克、華倫著,王夢鷗譯《文學論》,（臺北：志文出版社）,1976 年 10 月。

4. W. Kenney 著,陳迺臣譯《小說的分析》,（臺北：成文出版社）,1977 年 6 月。

5. 劉若愚著,杜國清譯《中國文學理論》,（臺北：聯經出版事業）,

1981 年 9 月。

6 . 王潤華《比較文學理論集》,（臺北：國家出版社）, 1983 年 7 月。

7 . 劉昌年《西方美學導論》,（臺北：聯經出版公司）, 1986 年 8 月。

8 . 趙衡毅《新批評 — 一種獨特的形式文論》,（北京：中國社會科學出版社）, 1986 年 8 月。

9 . 朱光潛《悲劇心理學》,（臺北：駱駝出版社）, 1987 年 7 月。

10 . Robert Escarpit 著，葉淑燕譯《文學社會學》,（臺北：遠流出版事業公司）, 1990 年 1 月。

11 . 鄭明娳、林燿德編著《時代之風 — 當代文學入門》,（臺北：幼獅文化事業公司）, 1991 年 7 月。

12 . 長穀川泉著，孟慶樞、穀學謙譯《近代文學研究法》,（吉林：時代文藝出版社）, 1991 年 7 月。

13 . 呂正惠《文學的後設思考》,（臺北：正中書局）, 1991 年 9 月。

14 . 沈謙《修辭方法析論》（臺北：文史哲出版社）, 2002 年 10 月。

15 . 王岳川《後現代主義文化研究》,（臺北：淑馨出版社）, 1993 年 2 月。

16 . 米歇．傅柯著，王德威譯《知識的考掘》,（臺北：麥田出版公司）, 1993 年 7 月。

17 . 劉康《對話的喧聲 — 巴赫汀文化理論述評》,（臺北：麥田出版公司）, 1995 年 5 月。

18. 費修珊、勞德瑞著，劉裘蒂譯《見證的危機》，（臺北：麥田出版公司），1997 年 8 月。

19. 陳學明《班傑明》，（臺北：生智文化事業公司），1998 年 2 月。

20. 朱綱《詹明信》，（臺北：生智文化事業公司），1998 年 12 月。

21. 涂公遂《文學概論》，（臺北：五洲出版社），1998 年 12 月。

22. 龍協濤《讀者反應理論》，（臺北：揚智文化事業公司），2000 年 1 月。

23. 陸揚《大眾文化理論》，（臺北：揚智文化事業公司），2002 年 11 月。

24. 佛斯特《小說面面觀》，（臺北：志文出版社），2002 年 1 月。

25. 沈謙《文學概論》，（臺北：五南圖書出版公司），2002 年 3 月。

四、批評理論與評論集

1. 杜國清譯《艾略特文學評論選集》，（臺北：田園出版社），1969 年 3 月。

2. 顏元叔《文學的玄思》，（臺北：驚聲文物供應公司），1970 年 1 月。

3. 夏志清《愛情．社會．小說》，（臺北：純文學出版社），1972 年 1 月。

4. 黃維樑《中國詩學縱橫論》，（臺北：洪範書店），1977 年 12 月。

5. 王潤華《中西文學關係研究》，（臺北：東大圖書公司），1978

年 2 月。

6. 姚一葦《美的範疇論》，（臺北：台灣開明書店），1978 年 9 月。

7. 劉紹銘《小說與戲劇》，（臺北：洪範書店），1984 年 5 月。

8. 黃維樑《中國文學縱橫論》（臺北：東大圖書公司），1988 年 8 月。

9. 施淑《理想主義者的剪影》，（臺北：新地文學出版社），1990 年 4 月。

10. 呂正惠、蔡英俊主編《中國文批評第一集》，（臺北：台灣學生書局），1992 年 8 月。

11. 王潤華《魯迅小說新論》，（臺北：東大圖書公司），1992 年 11 月。

12. 姚一葦《審美三論》，（臺北：台灣開明書店），1993 年 1 月。

13. 王德威《小說中國─晚清到當代的中文小說》，（臺北：麥田出版公司），1993 年 6 月。

14. 黃碧端《書香長短調》，（臺北：三民書局），1993 年 6 月。

15. 鄭明娳編《當代台灣文學評論大系三 ── 小說批評》，（臺北：正中書局），1993 年 6 月。

16. 李賦寧譯注《艾略特文學論文集》，（南昌：百花洲文藝出版社），1994 年 9 月。

17. 劉紀惠《文學與藝術八論》，（臺北：三民書局），1994 年 10 月。

18. 王潤華《老舍小說新論》，（臺北：東大圖書公司），1995 年 2 月。

19. 呂正惠《文學經典與文化認同》，（臺北：九歌出版社），1995年4月。

20. 唐翼明《大陸新時期文學：理論與批評》（臺北：東大圖書公司），1995年4月。

21. 楊照《文學的原像》，（臺北：聯合文學出版社），1995年5月。

22. 呂正惠《戰後台灣文學經驗》，（臺北：新地文學出版社），1995年7月。

23. 鄭明娳編《當代台灣都市文學論》，（臺北：時報文化公司），1995年11月。

24. 李歐梵《鐵屋中的吶喊》，（臺北：風雲時代出版公司），1995年6月。

25. 廖咸浩《愛與解構》，（臺北：聯合文學出版社），1995年10月。

26. 姚一葦《藝術批評》，（臺北：三民書局），1996年6月。

27. 施淑《兩岸文學論集》，（臺北：新地文學出版社），1997年6月。

28. 王潤華《沈從文小說理論與作品新論》（臺北：文史哲出版社），1998年6月。

29. 王德威《如何現代，怎樣文學》，（臺北：麥田出版公司），1998年10月。

30. 沈謙《林語堂與蕭伯納》，（北京：中國友誼出版公司），1999年3月。

31. 劉紀蕙編《藝術、文類與符號疆界》，（臺北：立緒文化事業），

1999 年 12 月。

32．周英雄、劉紀蕙《書寫臺灣 —— 文學史、後殖民與後現代》，（臺北：麥田出版公司），2000 年 4 月。

33．劉紀蕙《孤兒．女神．負面書寫：文化符號的徵狀式閱讀》，（臺北：立緒文化事業公司），2000 年 5 月。

34．劉紀惠編《他者之域—文化身份與再現策略》，（臺北：麥田出公司），2001 年 3 月。

35．亨利．詹姆斯原著，朱雯等譯《小說的藝術》，（上海：上海譯文出版社），2001 年 5 月。

36．張誦聖《文學場域的變遷》，（臺北：聯合文學出版社），2001 年 6 月。

37．王潤華《華文後殖民文學：本土多元文化的思考》，（臺北：文史哲出版社），2001 年 9 月。

38．王德威《評點當代中文小說 —— 眾聲喧嘩以後》，（臺北：麥田出版公司），2001 年 10 月。

39．朱雙一《戰後台灣新世代文學論》，（臺北：揚智文化事業公司），2002 年 2 月。

40．郭強生《在文學徬徨的年代》，（臺北：立緒出版公司），2002 年 6 月。

41．呂正惠《殖民地的傷痕》，（臺北：人間出版社），2002 年 6 月。

42．朱剛《二十世紀西方文藝文化評論理論》，（臺北：揚智文化事業公司），2002 年 7 月。

43．王德威《跨世紀風華當代小說 20 家》，（臺北：麥田出版公司），

2002 年 8 月。

44．陳思和《中國當代文學關鍵詞十講》，（上海：復旦大學出版社），2002 年 10 月。

45．王安憶《小說家的 13 堂課》，（臺北：INK 刻印出版公司），2002 年 10 月。

46．黃錦樹《謊言或真理的技藝：當代中文小說論集》，（臺北：麥田出版公司），2003 年 1 月。

47．鄭樹森《小說地圖》，（臺北：一方出版公司），2003 年 1 月。

48．薩莫瓦約原著，邵煒譯《互文性研究》，（天津：天津人民出版社），2003 年 1 月。

49．劉再復《現代文學諸子論》，（香港：牛津大學出版社），2004 年。

50．陳平原《中國小說敘事模式的轉變》，（北京：北京大學出版社），2004 年 7 月。

51．鄭樹森《現象學與文學批評》，（臺北：東大圖書公司），2004 年 9 月。

五、其他大陸小說文本

1．張賢亮《男人的一半是女人》，（北京：中國文聯出版社），1985 年 8 月。

2．鍾阿城《棋王．樹王．孩子王》，（臺北：新地出版社），1986 年 8 月。

3．張賢亮《綠化樹》，（臺北：新地出版社），1987 年 3 月。

4．馮驥才《義大利小提琴》，（臺北：新地出版社），1987 年 9 月。

5．汪曾祺《寂寞和溫暖》，（臺北：新地出版社），1987 年 9 月。

6．李陀編《中國新寫實小說選》，（香港：三聯書店），1995 年 4 月。

7．王安憶《記實與虛構》，（臺北：麥田出版公司），1996 年 10 月。

8．汪曾祺《茱萸集》，（臺北：聯合文學出版社），1999 年 4 月。

9．陳忠實《白鹿原（上）（下）》，（台南：真平企業公司），2000 年 2 月。

10．余華《活著》，（臺北：麥田出版公司），2000 年 6 月。

11．賈平凹《懷念狼》，（香港：明報出版社），2000 年 12 月。

12．王蒙《中國國外獲獎作家作品集．王蒙卷》，（昆明：雲南人民出版社），2001 年 10 月。

13．王安憶《長恨歌》，（臺北：麥田出版公司），2003 年 4 月。

14．池莉《池莉近作精選》，（武漢：長江文藝出版社），2003 年 7 月。

15．王安憶《尋找上海》，（臺北：INK 印刻出版公司），2002 年 5 月。

16．余華《許三觀賣血記》，（上海：上海文藝出版社），2004 年 5 月。

17．余華《在細雨中呼喊》，（上海：上海文藝出版社），2004 年 5 月。

六、其他專書

1．馬奎斯原著，楊耐冬譯《百年孤寂》，（臺北：志文出版社），

1984 年 2 月。

2. 福克納原著，黎登鑫譯《聲音與憤怒》，（臺北：書華出版事業公司），2000 年 6 月。

3. 康拉德原著，王潤華譯《黑暗的心》，（臺北：志文出版社），1977 年 12 月。

4. 摩里斯．梅特林克原著，黃瑾瑜譯《白蟻的生活》，（臺北：普天出版社），2003 年 7 月。

5. 米蘭．昆德拉原著，尉遲秀譯《生命中不能承受之輕》，（臺北：皇冠文化出版公司），2004 年 7 月。

七、期刊論文（台灣）

1. 楊小濱〈〈酒國〉[莫言著]:盛大的衰頹〉，《中外文學》，23 卷 6 期，1994 年 11 月，頁 176-186。

2. 劉介民〈耀眼一時的豐乳肥臀〉，《文訊月刊》，90 卷，1996 年 6 月，18-19。

3. 王德威〈戀乳奇譚 —— 評莫言〈豐乳肥臀〉〉，《聯合文學》，12 卷 9 期，1996 年 7 月，頁 197-198。

4. 鍾怡雯〈主體生命的覺醒 —— 莫言小說中肉體和慾望的合理性逆轉〉《中國現代文學理論》，6 期，1997 年 6 月，頁 280-294。

5. 陳燕遐〈莫言的「酒國」與巴赫汀的小說理論〉，《二十一世紀》49 期，1998 年 10 月，頁 94-104。

6. 呂正惠《戰後台灣小說批評的起點 —— 新批評與文化批評》，《臺灣現代小說史綜論》，1998 年 12 月，頁 102-118。

7. 謝奇峰〈人性的頹靡 —— 莫言「猿酒」初探〉《國文天地》，16

卷 4 期，2000 年 9 月，頁 49-53。

8. 劉慧珠〈大地農殤曲 —— 試論莫言「天堂蒜薹之歌」〉《修平人文社會學報》，2 期，2001 年 9 月，頁 89-103。

9. 鍾怡雯〈從莫言「會唱歌的」論散文的暴露與雄辯〉《國文天地》，17 卷 12 期，2002 年 5 月，頁 61-68。

10. 廖麗菁〈大地農殤曲 —— 試論莫言〈天堂蒜薹之歌〉〉《興大中文研究生論文集》2002 年 9 月，頁 42-55。

11. 劉淑貞〈顛覆與荒誕 —— 試論莫言小說「十三步」〉《國立臺中技術學院學報》，4 期， 2003 年 6 月，頁 113-125。

12. 黃文倩〈莫言「紅高粱」中的敘述視角與對比〉《中國語文》，第 93 卷第 3 期，2003 年 9 月，頁 75-80。

13. 黃文倩〈莫言「紅高粱」中的象徵〉，《中國語文》，第 93 卷第 5 期，2003 年 11 月，頁 77-82。

14. 黃文倩〈原鄉的聲音想像 —— 我讀莫言會唱歌的牆〉，《中國語文》，第 95 卷第 4 期，2004 年 10 月，頁 91-94。

八、期刊論文（大陸）

1. 林建法〈莫言：《豐乳肥臀》解〉，《當代作家評論》，1996 年 01 期，頁 123-124。

2. 彭荊風〈視覺的癱瘓 —— 評《豐乳肥臀》〉，《文藝理論與批評》，1996 年 05 期，頁 89-92。

3. 彭荊風〈《豐乳肥臀》：性變態的視角〉，《文學自由談》，1996 年 02 期，頁 11-14。

4. 劉蓓蓓、李以洪〈母神崇拜與"肥臀情結" —— 讀莫言的《豐乳

肥臀》解〉,《文藝評論》,1996 年 06 期,頁 48-53。

5 . 唐初〈百年屈辱,百年荒唐 ── 《豐乳肥臀》的文學史價值
質疑〉,《文藝爭鳴》,1996 年 03 期,頁 70-74。

6 . 張軍〈莫言:反諷藝術家 ── 讀《豐乳肥臀》〉,《文藝爭鳴》,
1996 年 03 期,頁 75-80。

7 . 樓觀雲〈令人遺憾的平庸之作 ── 也談莫言的《豐乳肥臀》〉,
《當代文壇》,1996 年 03 期,頁 64。

8 . 中頡、付寧〈上官魯氏的悲劇 ── 《豐乳肥臀》人物淺析〉,
《當代文壇》,1996 年 04 期,頁 57-59。

9 . 王稻、葛紅兵〈過去的烏托邦與失落的現代性 ── 對《白鹿
原》、《廢都》、《豐乳肥臀》的一個特例性比較分析〉,《吉首
大學學報(社會科學版)》,1997 年 01 期,頁 77-81。

10 . 王岩〈《豐乳肥臀》的敘述方式與結構藝術〉,《克山師專學
報》1997 年 04 期,頁 19-21。

11 . 金衡山〈影響和匯合 ── 《豐乳肥臀》的解構主義解讀〉,《國
外文學》,1997 年 01 期,頁 89-94。

12 . 蔡梅娟〈對真善美的叛逆 ── 評《豐乳肥臀》〉,《淄博學院學
報(社會科學版)》,1997 年 02 期,頁 52-55。

13 . 陳淞〈遲到的批評 ── 莫言《豐乳肥臀》擇謬述評〉,《河南
大學學報(社會科學版)》,1998 年 03 期,頁 47-52。

14 . 林建法〈王德威評《豐乳肥臀》〉,《當代作家評論》,1999 年
03 期,頁 126-127。

15 . 易竹賢、陳國恩〈《豐乳肥臀》是一部"近乎反動的作品"嗎?
── 評何國瑞先生文學批評中的觀念與方法〉,《武漢大學學

報（人文社會科學版）》，2000 年 05 期，頁 699-703。

16．王泊、李蓓〈叢林世界的話語 —— 莫言筆下的"豐乳肥臀"〉，《南通師範學院學報（哲學社會科學版）》，2001 年 01 期，頁 65-67。

17．譚桂林〈論《豐乳肥臀》的生殖崇拜與狂歡敘事〉，《人文雜志》，2001 年 05 期，頁 105-111。

18．周紅霞〈淺析《豐乳肥臀》中的動物意象〉，《山東行政學院．山東省經濟管理幹部學院學報》，2002 年 03 期，頁 119-120。

19．何國瑞〈評論《豐乳肥臀》的立場、觀點、方法之爭 —— 答易竹賢、陳國恩教授〉，《武漢大學學報（人文科學版）》，2002 年 02 期，頁 231-238。

20．李鴻〈《豐乳肥臀》的後現代性解讀〉，《吉林師範大學學報（人文社會科學版）》，2003 年，02 期，頁 14-16。

21．陳耀東〈關于《豐乳肥臀》論爭的我見〉，《武漢大學學報（人文科學版）》，2003 年 02 期，頁 232-235。

九、研究莫言的專書及學位論文

1．張志忠《莫言論》（北京：中國社會科學出版社，1990 年 3 月）。

2．鍾怡雯《莫言小說：「歷史」的重構》，臺灣師範大學 84 學年度碩士論文，（臺北：文史哲出版社，1997 年 11 月）。

3．謝靜國《論莫言小說（1983-1999）的幾個母題和敘述意識》，淡江大學 87 學年度碩士論文。

十、英文專書

1 . Forster,E . M . *Aspect of the Novel* . New York:Harcourt,Brace & World,1954 .

2 . Miller,James E（ed .）. *Myth and Method* . Lincoln:University of Nebraska Press,1960 .

3 . Scholes,Robert . *Approaches to the Novel* . San Francisco:Chandler Publishing Company,1961 .

4 . Eliot,T . S . *The Sacred Wood* . London:Barnes & Noble,1966 .

5 . Kenney,William . *How to Analyze Fiction* . New York:Monarch Press,1966 .

6 . Dietrich,R . F,and Roger H . Sundell . *The Art of Fiction* . New York:Holt,Rinehart and Winston,1967 .